Fausto Bonoldi

CARA VARESE
come sei cambiata

MACCHIONE

Alla memoria dell'architetto Bruno Ravasi
e dell'ingegner Antonino Mazzoni
genuini interpreti della Varese più bella e più autentica

La copertina è stata realizzata sulla base grafica della prima pagina di "Varese" la "Rivista mensile del Comune di Varese" pubblicata negli anni Venti del XX secolo.

Le immagini delle pagine 7 e 8 sono state tratte da *Cartografia Varesina*, a cura di L. Giampaolo, "Rivista della Società Storica Varesina", Varese 1953.

PIETRO MACCHIONE EDITORE
Via Salvo d'Acquisto, 2 - 21100 Varese (VA)
Cell. 3385337641
e-mail: macchione.pietro@alice.it
Sito: www.macchionepietroeditore.it

ISBN 978-88-6570-356-4

PREFAZIONE
di Pietro Macchione

Confesso che quando Fausto Bonoldi mi ha chiesto di scrivere qualche riga su quella che in fondo costituisce la domanda centrale di questo volume "Ma Varese è davvero cambiata, in bene o in male?, nel corso dei suoi mille e duecento anni di storia documentata?" mi sono sentito un po' in imbarazzo. Un imbarazzo che nasce dalla difficoltà di poter dare una di quelle risposte nette e sintetiche tanto di moda in questi tempi dominati da news, sms, "cinguettii" e "frasi fatte".
Al contrario questo tema, che in campo storiografico non è stato sinora oggetto di un'analisi approfondita e che viene vissuto ancora oggi soltanto su piani emozionali (i "bei tempi" di una volta, oppure l'ostracismo, ormai datato e vacuo, verso le opere del regime fascista e i canoni dell'architettura razionalista), richiederebbe una lunga argomentazione zeppa di distinguo, precisazioni, flashback e via dicendo.
Eh sì, poiché in questi 1.200 anni anche Varese ha dovuto fare, a cadenza periodica, in modo particolarmente rapido negli ultimi due-tre secoli, i conti con le esigenze e talvolta le mode della storia. Enumerare questi cambiamenti, che quindi si sono avuti, è stata e rimane opera importante (indubbio merito ne va dato a Leopoldo Giampaolo e ad alcuni suoi epigoni), ma insufficiente per comprendere se la città ne ha tratto effettivi benefici e se su queste basi si può ancora progettare, non subire, il futuro. Il che presuppone necessariamente un'approfondita valutazione di merito non soltanto sugli orientamenti urbanistici via-via adottati (e non sempre realizzati in modo appropriato), ma prima ancora sulla filosofia o se si preferisce sullo "spirito" che, a volte in modo evidente ed altre appena sussurrato, è rimasto sempre sotteso e coerente nelle azioni di governo poste in atto lungo il più che millenario percorso storico della città.
In tal senso, in nome della priorità, mai messa in discussione, dello sviluppo economico e imprenditoriale, si è manifestata sin dai primi secoli una consapevole e duratura alleanza tra urbanistica e politica amministrativa, che non poche volte ha portato all'adozione di scelte molto complesse e difficili che, non lo si dimentichi, sono state approvate e sostenute da tutta la popolazione, senza divergenze di censo e di classe sociale, in nome dell'interesse generale. Per cogliere l'enorme portata di tutto ciò sulla vita e la struttura della città rimando ai miei due volumi "Una provincia industriale" (Varese 1889 e 1991).
La premessa è stata lunga, ma era necessaria per dire che questo tratto genuinamente distintivo di Varese emerge con chiarezza dal gran lavoro (testo e foto) svolto da Bonoldi per selezionare (mai a caso), tra Centro storico, Castellanze e Comuni aggregati, un vasto campionario di segni urbanistici e di scenografie paesaggistiche che testimoniano l'incessante mutazione/evoluzione della città. Non lo fa Bonoldi e non mi azzardo neanche io a dare specifici giudizi sulla qualità e sull'opportunità di questa o quella operazione. Mi limito a registrare (almeno in questa sede) che la storia è andata così, ma in fondo a chi non piace Varese?

Intanto

Le grandi opere del regime*
Le elezioni amministrative del febbraio 1924 consegnarono, dopo un periodo di gestione cornmissariale, l'Amministrazione di Varese al Partito Liberale e al Partito Fascista, sotto la guida del sindaco Domenico Castelletti. Costui, avvocato, era sindaco di Solbiate Olona, presidente della Sezione combattenti di Varese e membro del locale direttorio del Fascio.
Quasi a voler recuperare il tempo che riteneva d'aver perduto, la nuova Giunta si propose "grandiosi progetti di rinnovamento della città". Si trattava per lo più di aprire nuove strade e sistemare linee tramviarie e, in nome di una scelta di "maggiore circolazione alle automobili", avviare la realizzazione di quel percorso autostrada-via Magenta-centro storico che costituisce ancor oggi l'asse portante della viabilità varesina. Scrisse per l'occasione Bagaini: "Si tratta di un rinnovamento della città di cui è più che urgente e sentito il bisogno; rinnovamento che si impone se si vuole veramente assicurare alla città nostra l'avvenire di un grande centro di villeggiatura e di mvimento dei forestieri". E a sua volta suggeriva una serie di altri modesti sventramenti" per rendere scorrevoli e lineari le vie di percorrenza tra il centro e i luoghi di villeggiatura.
Questo programma riprendeva in sostanza le fila interrotte dalla guerra, sul modello di una Varese stazione turistica in parte delineatosi agli inizi del secolo e che in effetti allora aveva raggiunto ottime potenzialità senza riuscire però a sfruttarle del tutto. Si trattava di verificare se questa ipotesi avrebbe potuto reggere ancora rispetto al mutare dei tempi non solo in Italia, ma ormai nel mondo intero. In ogni caso emergeva evidente la differenza con

l'Amministrazione socialista, in quanto minore era la preoccupazione per gli aspetti di salvaguardia industriale e sociale di cui si affidava il compito direttamente alle forze imprenditoriali e agli organi di governo.
Domenico Castelletti fu nominato podestà di Varese nell'estate del 1926 e subito il Fascio cittadino avvertì il bisogno, essendo chiamato in prima persona a decidere i destini della città, di rafforzare il concetto di "una nuova Grande Varese".
In prima battuta si pensò di "esaminare tutti i problemi per il rinnovamento della città e l'opportunità di creare un Ente che fiancheggiando l'opera dell'Amministrazione civica, provveda a tutto ciò che serve alla reclame del Paese, a dare il più largo sviluppo alla villeggiatura ed a richiamare qui il maggior numero di forastieri". Fascisti ed ex liberali si trovarono concordi sulla necessità "dell'ampliamento della città" ed è noto che l'ipotizzato sviluppo del territorio urbano sarebbe avvenuto a spese dei vicini comuni.
Quanto al nuovo ente di cui chiedeva la costituzione, si trattava di un' Azienda Autonoma collegata al riconoscimento di Varese quale stazione di cura, di soggiorno e turismo.
Impegni furono assunti anche riguardo alla formulazione del Piano regolatore cittadino. E giudicando gli avvenimenti a tanti anni di distanza, al di là di ogni giudizio di natura politica o estetico-architettonica, si deve convenire che il volto di Varese uscì profondamente mutato per numero e particolarità delle opere realizzate. Sarebbe errato tuttavia pensare a un piano di lavori ben definito e al quale ci si attenne rigidamente. La Varese che conosciamo uscì da un lungo travaglio di idee e progetti a volte tra loro contrastanti, da modifiche in corso d'opera, da mutazioni di indirizzo, d'abbandoni dettati da fattori esterni o generali. E molto spesso si trattò di opere che suscitarono discussioni vivaci, appassionate e polemiche tra Ia gente, sulla stampa e persino nel Partito Fascista.
Se gli anni Venti terminarono con la definizione del nuovo ambito territoriale della città e con una serie di interventi immediati specie nel settore stradale e dell'urbanizzazione, il decennio successivo si caratterizzò per Ie grandi opere. In origine esse avrebbero dovuto essere quattro: la copertura della trincea delle Ferrovie Nord Milano e la sistemazione del piazzale delle Ferrovie dello Stato; l'erezione di un teatro all'aperto all'interno dei Giardini Estensi verso via Verdi; la costruzione di una grande piscina popolare; la creazione di una città studi comprendente l'Istituto Magistrale e le Scuole professionali. Lo stanziamento previsto era di circa tre milioni. Come è noto non tutto fu realizzato, anche se l'opera più importante relativa alla sistemazione delle stazioni trovò attuazione.
Ma era sul cosiddetto "Piano regolatore della zona centrale" che si appuntava l'attenzione di tutti. Esso si fondava sull'apertura della nuova piazza Monte Grappa. Il relativo progetto di sistemazione fu affidato dalla Commissione giudicatrice di secondo grado il 27 giugno 1934 all'architetto Mario Loreti di Roma, già noto in città per aver ideato il Palazzo della Federazione fascista. Si era trattato di una decisione difficile e contrastata: Loreti vinse per il voto favorevole del podestà Castelletti e degli ingegneri Luppis, Coltro e Alliaud; gli altri tre membri della Commissione (Ettore Modigliani, Nino Bertolaia, Mario Faravelli) avevano invece scelto il progetto degli architetti Beltrami, Albanese e Pestalozza.
La scelta destò meraviglia e sollevò un certo scalpore che attivò I'interesse della grande stampa su Varese. E sospetti. Tanto che "L'Ambrosiano" espresse severe valutazioni sui giudici per il modo con il quale avevano operato, un modo che veniva reputato "poco legale e comunque danneggiante dei concorrenti a favore di altri concorrenti".
La Varese ufficiale comunque difese la scelta Loreti, che corrispondeva all'aspetto attuale della piazza, perché presentava "delle soluzioni più pratiche nei confronti con tutti gli altri progetti" e inoltre perché dava "la possibilità di un discreto impiego di materiali da costruzione esistenti in provincia, quali il travertino e la pietra verde di Viggiù".
Quanto alla Torre littoria che ancora domina la piazza, la soluzione oggi visibile era quella prevista non dal progetto Loreti, bensì dal piano presentato dagli architetti Mezzanotte, Mazzoni e Minoletti che, ritenuta felice dalla Commissione, venne pertanto imposta anche al Loreti.
Sull'onda del rifacimento di piazza Monte Grappa trovò sistemazione anche la sede del Consiglio Provinciale dell'Economia Corporativa. Con lettera del 16 maggio 1934 il ministro delle Corporazioni concesse l'autorizzazione a predisporre lo studio di un progetto, nei limiti di spesa di quattro milioni di lire, del quale furono incaricati gli architetti Mario Loreti ed Edoardo Flumiani. Il progetto di massima venne approvato dal Consiglio il 10 dicembre 1934 e il consenso definitivo a quello esecutivo fu accordato nella riunione del 7 febbraio 1935, questa volta con voto unanime.
Il Consiglio si fece carico volentieri della spesa eccedente i quattro milioni disponibili, nella convinzione "che l'avvenire edilizio del centro cittadino impostato sopra un piano regolatore già approvato regolarmente dagli organi governativi, è legato strettamente all'esecuzione della nuova sede consigliare e che pertanto il problema della sistemazione della zona centrale del capoluogo minaccerebbe di rimanere insoluta per diversi anni ancora ove al Consiglio venisse inibita l'attuazione della propria iniziativa così com'è stata concepita".

* *Una Provincia Industriale. Ventesimo secolo*, pagg. 372-375.

LE PORTE
NEL CENTRO DI VARESE ALLA META' DEL XVIII° SEC.

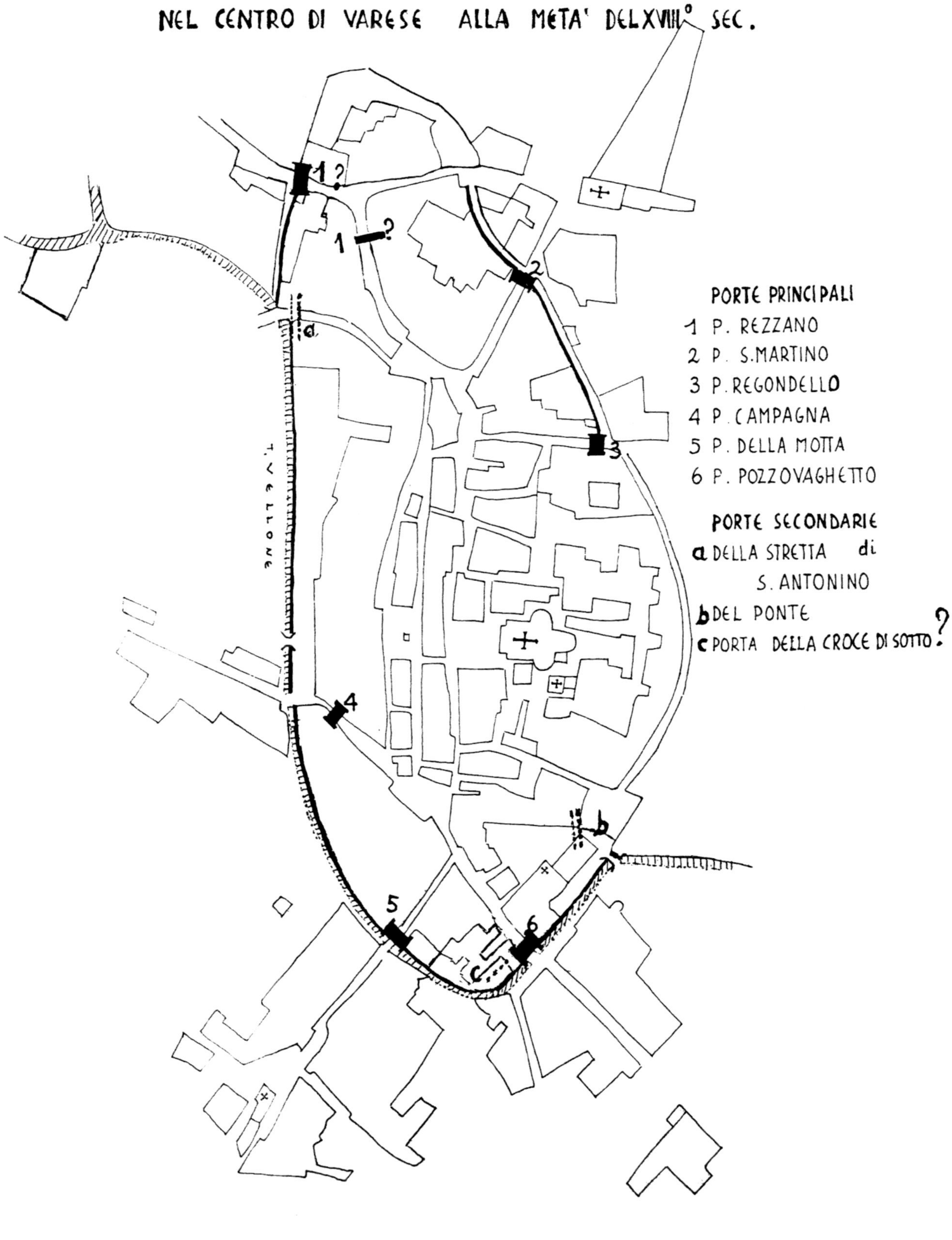

VARESE ALLA META' DEL XVIII° SEC.

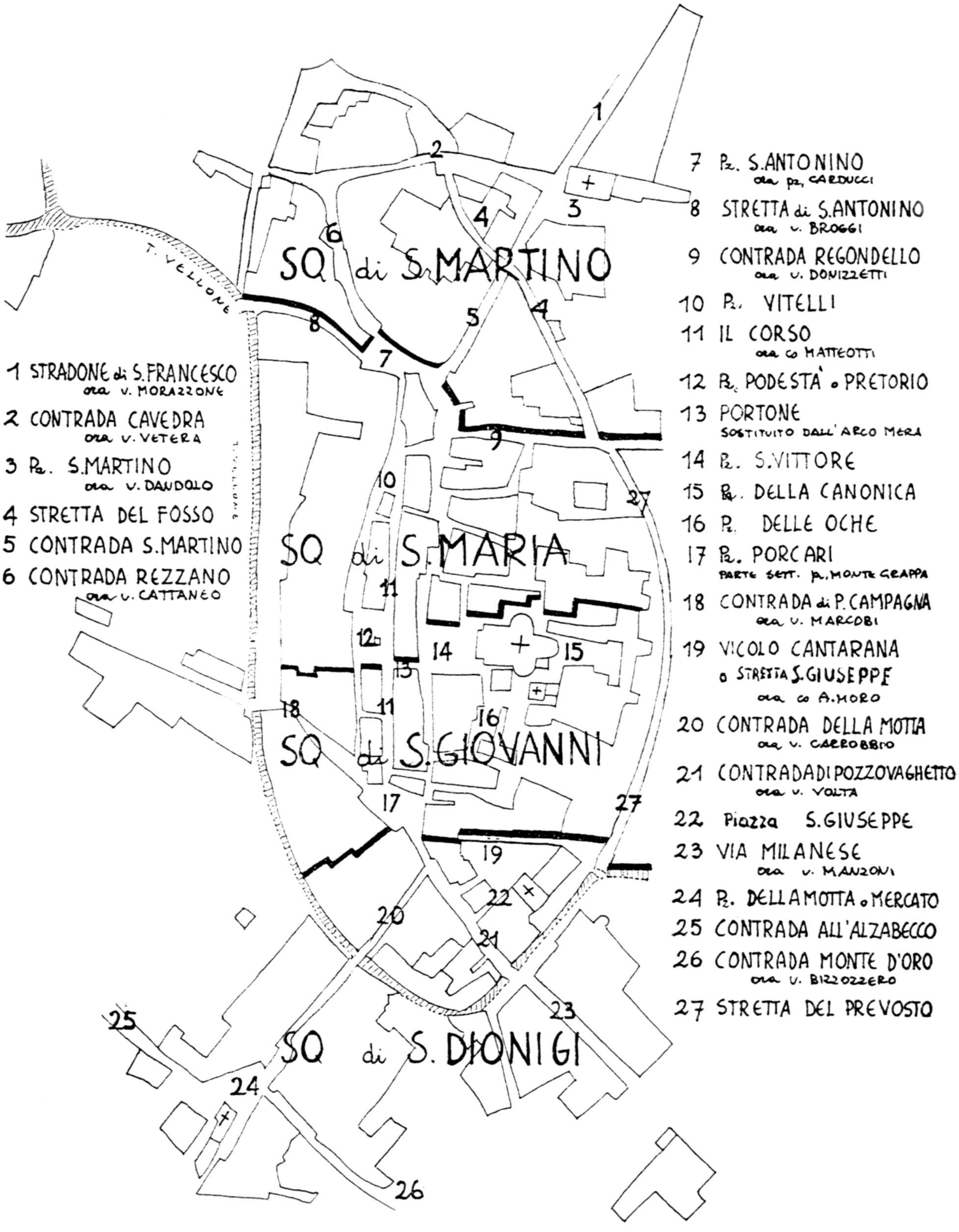

PROMENADE

Immaginiamo di girare per Varese con una "macchina del tempo": ci ritroveremmo, passo dopo passo, in un luogo che stenteremmo a riconoscere. È quello che ci siamo ripromessi di aiutarvi a fare con lo strumento, meno fantascientifico, del confronto fotografico. Con la nostra guida sotto gli occhi ci accorgeremo, per cominciare, che la nostra città ha subìto, molto prima che il professor Christian Barnard lo sperimentasse sugli umani, un trapianto di cuore: del vecchio centro cresciuto nell'Ottocento attorno alla piccola, intima piazza Porcari non è rimasto neanche un mattone da quando anche l'ultimo edificio scampato al "piccone risanatore" del Regime, Casa Romanò, fu demolito per consentire la costruzione del palazzo della Standa. Attorno alla piazza Monte Grappa, nuovo centro metafisico di Varese elevata a capoluogo di provincia da Benito Mussolini, non vediamo nulla della vecchia via Marconi, dell'angusta via Volta di un tempo e riconosciamo solo un lato, quello porticato, del vecchio corso Roma, oggi intitolato ad Aldo Moro. Irriconoscibile anche la stretta via Verbano dei primi Anni Trenta, per metà riedificata nel ventennio con la costruzione dei palazzi Verga, Bonazzola e De Micheli e per l'altra metà demolita e ricostruita dopo la guerra.
I conti col passato cominciano a tornare quando, dopo un salto in via Carrobbio e una visita alla chiesa di Sant'Antonio alla Motta e alla basilica di San Vittore, ci addentriamo in corso Matteotti, modificato in meglio dai restauri degli ultimi anni, come pure piazza Podestà con il suo Broletto, via Veratti e piazza Beccaria. Ben poco di diverso rispetto al passato remoto anche in via Sacco, se si eccettua la scomparsa dell'edificio scolastico all'angolo con via Verdi, abbattuto per eliminare la strettoia che strozzava il traffico. Tornando sui nostri passi fino a piazza Beccaria, percorriamo una via davvero... Vetera, che mostra lo stesso aspetto da secoli, per trovarci davanti al tribunale che ha "tappato" l'edificio a ferro di cavallo delle antiche Scuole e poi ammirare, con gli occhi dei nostri nonni o bisnonni, la bellezza di via San Martino e di piazza Carducci e il gradevole aspetto di piazza Giovine Italia e delle vie Donizetti e Rossini "pedonalizzate" e rinverdite, con l'unico grave cruccio di non vedere più il Teatro Sociale.
Ritrovare la vecchia Varese torna ad essere arduo quando imbocchiamo viale Dandolo, in cui un'edilizia moderna discutibile ha sostituito gli eleganti palazzi ottocenteschi e, percorso un irriconoscibile viale Medaglie d'Oro e costeggiata la caserma Garibaldi puntellata, ci ritroviamo in quella che era l'alberata piazza Mercato e che fino ad ora, in attesa di "riqualificazione", resta il brutto coperchio del parcheggio sotterraneo, su cui si affacciano non più il Mercato coperto e le vecchie case di due piani ma il teatro provvisorio e il centro commerciale. La stessa impressione di estraneità la si prova percorrendo via Avegno e dando un'occhiata a via Vittorio Veneto mentre il passato torna a comparire, sia pure in parte, in via Cavour e in via Morosini. Nella zona delle stazioni tutto è cambiato tranne le due stazioni, pressoché immutate dalla seconda metà dell'Ottocento: in via Casula sono scomparsi il Calzaturificio di Varese e i Molini Marzoli Massari così come niente è come prima a Biumo Inferiore, dove è difficile trovare traccia della castel-

lanza che fu teatro, il 26 maggio 1959, della prima vittoriosa battaglia della Seconda guerra d'indipendenza. È andata meglio a Biumo Superiore, tutelata dalla presenza delle grandi ville patrizie immerse in vasti parchi.
La nostra passeggiata alla scoperta del passato cancellato continua a Valle Olona e a San Fermo per poi passare da Giubiano assediata dalle auto e, dopo una visita a Bizzozero e al suo castello poco conosciuto, saliamo il colle di Bosto per rivolgere le nostre attenzioni alla conca del lago, da Capolago alla Schiranna, da Casbeno a Bobbiate. Risaliti in città percorriamo via Sanvito e via Crispi per ritrovarci a Masnago e risalire lungo la via Manin per scoprire che cosa è cambiato sulla montagna di Varese: dalle Bettole a Sant'Ambrogio, da Fogliaro a Velate e di qui alla Prima Cappella e poi ancora più su, a santa Maria del Monte e al Grand Hotel del Campo dei Fiori, trasformato da anni in un piedistallo per ripetitori e antenne.
Se ci resta un po' di tempo possiamo fare un mini-tour degli edifici *fascistissimi* più significativi: la Questura di piazza Libertà, la Casa dei balilla di via Copelli, il Palazzo delle Poste di viale Milano e la Casa dello sport di viale XXV Aprile, per concludere con un'occhiata ad alcuni esempi di buona architettura. Buona passeggiata.

Ma che città è mai questa? Chi l'ha mai vista? Di certo nessuno di noi, varesini più o meno giovani, e nemmeno i nostri genitori e i nostri nonni. Sì perché di questo vecchio cuore di Varese, ritratto nel 1867, non resta nemmeno una pietra, nemmeno un mattone. Qualcuno riconoscerà, al centro della piazza, dalle finestre incorniciate del primo piano, Casa Romanò, l'edificio più longevo tra quelli raffigurati (sarà demolito nei primi Anni Sessanta del Novecento), che allora era affiancata, a destra nel disegno, da una casa più bassa che di lì a pochi anni sarebbe stata abbattuta per ricavare il corso Roma. Il resto della piazza allora intitolata alla nobile famiglia varesina dei Porcari cadrà, pezzo dopo pezzo, negli Anni Trenta del secolo scorso. Le prime ad essere demolite saranno le case sulla destra, sacrificate alla nuova piazza Monte Grappa senza esitazioni perché "fabbricati vetusti di scarsa consistenza", come si legge nella relazione allegata agli elaborati del piano regolatore dell'architetto Vittorio Ballio Morpurgo, approvati il 18 aprile del 1928 dal podestà Domenico Castelletti. Poi, uno dopo l'altro, cadranno tutti gli altri edifici, al pari di quelli del lato opposto di cui si tratta nelle prossime pagine. La rivoluzione urbanistica, culminata nello sventramento sia pure parziale del vecchio centro storico, aveva preso le mosse dalla necessità di facilitare l'attraversamento della città a chi, provenendo dalla nuova autostrada, era diretto verso le località turistiche della montagna varesina, delle valli e dei laghi. L'idea iniziale di limitare gli interventi all'ampliamento di alcune vie del centro fu superata dalla considerazione dell'estensore del piano regolatore della necessità di "una grande piazza che deve costituire il centro della vecchia e della nuova città".

La vecchia piazza Porcari occupava una minima parte, più o meno l'area oggi compresa tra corso Moro e via Marcobi attorno alla rotatoria alberata, dell'odierna, ampia piazza Monte Grappa, i cui edifici furono costruiti attorno allo spazio ricavato con la demolizione dei vecchi stabili che si affacciavano sulla "Padella", così chiamata dai varesini per la sua forma trapezoidale, sul lato opposto a quello da cui oggi si dipartono corso Matteotti e via Marconi. Le autorità municipali, d'intesa con l'estensore del piano regolatore Vittorio Ballio Morpurgo, non ebbero esitazioni a condannare a morte "fabbricati vetusti di scarsa consistenza" anche allo scopo di "riconquistare al mercato aree fabbricabili il cui valore come area nuda supera spesso il valore degli stabili da sacrificare". Sgomberato il campo dalle vecchie costruzioni furono edificati, lungo il rettangolo orientato verso il campanile del Bernascone, la cui visuale fu giudicata "l'unico elemento di inquadramento", il Palazzo Verga, progettato dall'ingegner Mario Cantù, la Torre Civica, l'edificio della Camera provinciale dell'economia corporativa, oggi Camera di commercio, e il Palazzo Castiglioni, tutti progettati dall'architetto romano Mario Loreti che, autore anche del progetto della sede dell'Inps, fece la parte del leone.

Varese - Piazza Monte Grappa

La scelta di dare alla nostra città una piazza degna di un capoluogo di provincia decretò la fine dell'antica e piccola piazza Porcari, chiamata dai varesini, per la sua forma, piazza Padella. Sulla base del piano regolatore firmato dall'archistar del tempo Vittorio Ballio Morpurgo, l'architetto Mario Loreti presentò il progetto risultato vincente che rivoluzionò il cuore di Varese. Il "monumentalista" Loreti superò "sul filo di lana" il progetto presentato dal mai abbastanza compianto ingegner Antonino Mazzoni con i colleghi Mezzanotte e Minoletti, che prevedeva costruzioni non superiori ai tre piani in modo da rendere visibili anche dalla nuova piazza, coerente con la fisionomia del borgo, il Sacro Monte e il Campo dei Fiori. Quasi nessuno degli edifici di piazza Porcari sopravvisse al "piccone risanatore", al pari di quelli del lato sinistro dell'angusta via Verbano, nella quale a stento passava il tram, oggi intitolata al partigiano caduto Walter Marcobi. Lo stesso ingresso di corso Vittorio Emanuele (l'attuale corso Matteotti) appare irriconoscibile anche se gli edifici costruiti sulle macerie dei vecchi palazzi furono progettati con i portici, tratto caratteristico del corso che, per la restante parte, non solo è stato risparmiato dal "piccone" ma è stato poi rivalutato con opportuni restauri.

Giuliani

OVS

La cancellazione di piazza Porcari avvenne per gradi tra il 1927 e il 1942. Il primo edificio a cadere fu il palazzo porticato compreso tra via Marconi, a destra, e corso Vittorio Emanuele (Matteotti). Al suo posto fu costruito il Palazzo Mascardi, quello che per decenni ospitò il Caffè Pini, progettato nel 1929 dall'ingegner Camillo Lucchina, l'unico varesino coinvolto nella "rivoluzione edilizia". E non a caso la sua "creatura" è a nostro avviso la sola compatibile con lo stile della vecchia Varese, a differenza dei colossi piacentiniani di piazza Monte Grappa. Il primo "colpo di piccone" a piazza Porcari modificò l'angusta via Marconi, che sarebbe cambiata ulteriormente con la demolizione di Casa Romanò e la costruzione della sede della Standa (oggi Oviesse). Ciò che è rimasto immutato è il lato porticato dell'attuale corso Moro, se si esclude l'improvvida demolizione di Casa Romanò.

MALERBA SINDACO

Il secondo crimine architettonico in ordine di gravità dopo l'abbattimento del Teatro Sociale (1953) fu commesso, a nostro avviso, nei primi Anni Sessanta ai danni di Casa Romanò. La sentenza fu emessa il 28 marzo del 1960, quando la commissione edilizia del Comune approvò la costruzione, in piazza Monte Grappa all'angolo tra corso Roma e via Marconi, di un "nuovo moderno palazzo che avrà prospetti di cristallo e scale mobili interne" da adibire a grande magazzino. I "governanti del mattone" fecero orecchie da mercante alle proteste dei commercianti varesini che, solo pochi giorni prima, avevano ribadito la loro ferma opposizione al progetto per il fondato timore della concorrenza della Standa. Casa Romanò completava in modo armonico verso la piazza la fila di antichi ed eleganti palazzi porticati che ancora oggi impreziosiscono il corso dedicato ad Aldo Moro. Il palazzo ottocentesco, altrettanto pregevole, che fronteggiava l'edificio abbattuto per fare spazio alla grande distribuzione, era stato demolito nel ventennio per consentire la costruzione del mastodonte della previdenza sociale, uscito anch'esso dalla mente di Mario Loreti. Un altro grande architetto, Luigi Mattioni, firmò poco prima della prematura scomparsa, avvenuta nel 1961 quando aveva solo 47 anni, l'edificio della Standa, molto discusso non tanto per la forma che, a parte le inguardabili colonne foderate di allumino, avrebbe potuto ben figurare in un altro luogo della città, quanto perché, per costruirlo, fu cancellata la testata in stile di corso Roma.

ISTITUTO NAZIONALE DELLA PREVIDENZA
OVS

A metà degli Anni Trenta, sgomberato il campo dagli edifici abbattuti per fare spazio alla nuova piazza Monte Grappa, Varese si trovò ad avere per qualche tempo una nuova, grande piazza contigua a quella prevista dal piano regolatore. Ciò avvenne nelle more tra l'abbattimento del palazzo ottocentesco all'angolo tra piazza Monte Grappa e corso Roma, di fronte a Casa Romanò, e la costruzione dell'imponente palazzo dell'Istituto fascista della previdenza sociale, oggi defascistizzato nell'Inps. Il grande spazio compreso tra i portici tuttora esistenti di corso Roma e il lato di via Volta, già ricostruito in stile monumentale, regalò alla piccola ma preziosa chiesa di San Giuseppe una provvisoria visibilità, prima che l'edificio sacro dedicato al padre putativo di Gesù e patrono dei lavoratori finisse soffocato dai grandi volumi del tempio dei pensionati e di Palazzo Sciarini.

Prima che, verso la fine dell'Ottocento, fosse aperto il corso Roma, la via Alessandro Volta era l'unica strada d'accesso al piccolo centro di Varese per chi proveniva da Milano, tanto è vero che la porta che anticamente sorgeva dove oggi comincia via Manzoni, la porta Pozzovaghetto (o Pozzaghetto), era chiamata anche Porta Milano. Ancora alla fine degli Anni Venti del Novecento la strada intitolata allo scienziato comasco era una viuzza su cui si aprivano le vetrine di numerose botteghe, come la storica Cartoleria Cairoli. Proprio per adeguarla al traffico automobilistico sempre più intenso, soprattutto dopo l'apertura, a metà degli Anni Venti, dell'autostrada Milano-Varese, via Volta fu interamente sventrata, prima per la costruzione di Palazzo Castiglioni, progettato dall'architetto Mario Loreti, all'angolo con piazza Monte Grappa, poi per edificare la sede dell'Inps. Si può ben dire: c'era una volta via Volta.

PIROVANO

FINECO

"Non abolisco la via Carrobbio che è la via millenaria cioè la più antica di Varese, è la nostra piazza Sant'Ambrogio di Milano, è un cantuccio di ricordi, che noi ed i posteri dobbiamo conservare, pulire, vietare al passo dei veicoli, deve essere riservata al passaggio dei pedoni, perché sia mantenuto il suo carattere antico". Era questa la perorazione, per certi versi ancora attuale, dell'ingegner Alfredo Speroni, capofila dei numerosi tecnici che nel 1929 si opposero invano al gigantismo del piano regolatore del regime. Se è vero che, in contrasto con gli oppositori, fu realizzata "una piazza (Monte Grappa) sproporzionata alla vita della città" è altrettanto vero che, se si esclude il vulnus marginale prodotto dal Palazzo delle corporazioni, oggi Camera di commercio, via Carrobbio e piazza della Motta sono state rispettate dagli architetti del ventennio mentre qualche guasto marginale è stato provocato da amministratori e tecnici della Varese democratica. La chiesa di Sant'Antonio, più bella e più superba che pria, continua a dominare la piazza "foris portas" (la porta della Motta) in cui dall'Anno Mille fino al Novecento inoltrato si è tenuto il mercato di Varese, un tempo così frequentato e importante che i consoli del Contado del Seprio venivano a piantarvi il Tribunale. La giustizia era amministrata su un rialzo di terra (la "motta"), fortificato per ragioni di ordine pubblico. Lasciamo ai benemeriti "monelli", che ogni anno fanno rivivere l'antichissima Sagra, il compito di rilanciare l'auspicio ambientalista dell'ingegner Speroni.

FALEGNAME

Ai varesini che sbucano dall'Arco Mera la basilica di San Vittore si presenta con la facciata neoclassica progettata da Leopoldo Pollack, allievo del Piermarini, un frontale settecentesco per una chiesa costruita nel Cinquecento su una preesistente struttura trecentesca. Sulla piazza e sulla città svetta il campanile barocco del Bernascone, il maggior architetto varesino del tempo. Anche la Basilica, come la chiesa di San Giuseppe, potè giovarsi per qualche tempo di un ampio sagrato quando, alla fine degli Anni Trenta del Novecento, furono demolite le case basse visibili nella foto in alto a sinistra per fare spazio al maestoso palazzo della Cassa di risparmio delle Provincie Lombarde, oggi filiale principale di Banca Intesa Sanpaolo. Più sobrio e quasi romanico il palazzo costruito nel dopoguerra dalla Popolare di Luino e Varese alle spalle del Battistero, sulle macerie dell'antica casa delle suore della Riparazione, sede dell'oratorio femminile, che a sua volta era stata edificata nell'area in cui, nel Cinquecento, sorgeva l'ospedale di San Giovanni Evangelista. L'Arco Mera, Memoriale dei Caduti, fu costruito nel 1850 per collegare la piazza del Podestà e il Palazzo del Pretorio, allora sede dell'autorità civile, alla piazza della basilica di San Vittore, sede dell'autorità religiosa. Per la verità il collegamento era già assicurato da un passaggio aperto all'altezza dell'attuale Libreria del Corso che però, stando al gossip dell'epoca, era troppo angusto perché vi potesse passare la carrozza dell'arcivescovo ambrosiano in visita pastorale. L'Arco deve il suo nome al canonico Luigi Mera, che ne finanziò la costruzione.

SANCTO VICTORI MARTYRI PATRONO

L'antico corso Vittorio Emanuele, oggi intitolato a Giacomo Matteotti, è un'isola (pedonale) felice in un centro cittadino deturpato da infelici scelte urbanistiche. Sviluppatosi a partire dal Cinquecento, quando nell'attuale piazza del Podestà fu costruito il Palazzo Pretorio, sede del potere civile, il corso presenta eleganti palazzi porticati, edificati per lo più tra il XVIII e il XIX secolo, che negli ultimi decenni hanno subìto restauri conservativi che ne hanno accresciuto il valore non solo architettonico. Ma, se l'impianto edilizio del "salotto buono" di Varese è scampato al piccone modernista, non altrettanto si può dire, purtroppo, degli esercizi commerciali, alcuni davvero storici, che avevano le loro vetrine sotto i portici. Troppo lungo e fuori tema sarebbe l'elenco dei negozi che hanno "abbassato la saracinesca" dopo aver conquistato e mantenuto per decenni la fiducia dei varesini. È doveroso però render merito ai pochi che resistono come la pasticceria degli eredi di Martino Ghezzi, il Pastificio Cantù, la Fioraia Corvi e il Caffè di Angela Zamberletti.

Da qualsiasi punto lo si guardi corso Matteotti è un gran bel vedere: i suoi palazzi sorti tra il Settecento e l'Ottocento, ristrutturati, restaurati o anche solo "rinfrescati" hanno acquistato un fascino che non avevano, crediamo, neppure in origine e, tanto meno, nel passato prossimo quando, scampati al piccone demolitore del "progresso", erano però mantenuti in uno stato, se non di degrado, quanto meno di mediocre manutenzione. L'aspetto che il corso presenta oggi è il frutto di quella sensibilità architettonica recente che riesce a conciliare la conservazione del bello stile del passato con l'innovazione, come dimostra in particolare il restauro del palazzo all'angolo con piazza Carducci, di fronte al chiostro di Sant'Antonino, che ospitava la storica Drogheria Bianchi.

FURLA

Anche la piazza del Podestà, come piazza Monte Grappa, ebbe origine, nel Cinquecento, da uno sventramento sia pure di modeste dimensioni, nella contrada del Corso. Cuore civile della comunità, vi si riunivano i varesini convocati per il Consiglio maggiore quando erano chiamati a esprimersi su norme e nomine ed era anche luogo di mercato. Come più di quattrocento anni fa, sulla piazza si affacciano il Palazzo Pretorio, a sinistra, e il Palazzo, di origine trecentesca, dei Biumi, famiglia della più antica nobiltà varesina, il cui cortile interno porticato, detto del Broletto, era in origine un cortile di fattura cinquecentesca chiuso su tre lati e aperto sulla piazza Podestà. Nel corso dell'Ottocento fu demolito il lato occidentale che dava sull'attuale via Veratti e la facciata interna fu rimaneggiata. Sui muri esterni del porticato, in corrispondenza delle colonne di pietra, si conservano tracce sbiadite di tondi affrescati che raffigurano anonimi varesini illustri. Nel cortile del Broletto, fino alla fine dell'Ottocento, si teneva il mercato delle granaglie. Il Palazzo Pretorio, costruito nelle sue forme attuali nel 1599 ampliando un edificio preesistente, è stato sede dell'amministrazione civica fino al 1882, quando il Comune di Varese prese possesso di Palazzo Estense.

BIGLIARDO

Caffe' Biffi

Via (o corso) Verbano metteva in comunicazione piazza Porcari, poi Monte Grappa, con via Sacco. Prima della rivoluzione urbanistica del ventennio era una strada molto stretta, che il nuovo piano regolatore prevedeva di ampliare al fine di agevolare l'attraversamento del centro cittadino. Il fine fu conseguito con l'abbattimento dei vecchi edifici e la costruzione dei palazzi Verga, Bonazzola e De Micheli che oggi ospitano, tra le altre attività, una filiale bancaria (in origine la Banca commerciale italiana) e un antico caffè. Di particolare pregio il Palazzo De Micheli, situato all'angolo con via Bernascone, progettato nel 1927 dall'ingegner Eduardo Flumiani. Il "piccone" del regime si fermò lì, lasciando pressoché immutato l'altro lato della strada. Il resto, culminato nella costruzione del bianco palazzone curvilineo tra via Marcobi, come si chiama oggi via Verbano, e via Veratti, costruito nel 1959 su progetto dell'architetto Luigi Mattioni, è opera degli urbanisti della repubblica democratica nata dalla Resistenza, che non hanno saputo tuttavia resistere alla speculazione edilizia.

Nel 1882 il “governo” di Varese lasciò dopo tre secoli il Palazzo Pretorio in piazza del Podestà per traslocare nella nuova casa comunale di Palazzo Estense, acquisita da Cesare Veratti. La bellezza dell’edificio, sobrio nella facciata che dà sulla via ed elegante nelle sue forme tipiche del barocchetto lombardo, non privo di influenze neoclassiche nel volto che mostra al giardino, la dobbiamo al gusto del duca Francesco III d’Este il quale, venuto a Varese ospite dei Menafoglio nel 1755, s’innamorò del borgo e dieci anni dopo lo ottenne in feudo non trasmissibile dall’imperatrice Maria Teresa d’Austria. Al duca d’Este, che ampliò con due ali la preesistente dimora del facoltoso commerciante Tommaso Orrigoni, siamo debitori anche del giardino all’italiana modellato dall’ingegner Giuseppe Antonio Bianchi a somiglianza di quello del palazzo imperiale di Schönbrunn. I Giardini Estensi, ampliati a monte grazie all’acquisizione, nel secondo dopoguerra, del parco di Villa Mirabello, hanno mantenuto nel tempo, pur con qualche modifica delle essenze arboree, l’originaria fisionomia. Una mancanza di cui qualcuno di tanto in tanto si accorge è quella della statua dell’Italia Unita con la spada sguainata, opera del viggiutese Giovanni Franzi, che dal 1869 troneggiava sopra il ninfeo. Rimossa nel 1956 perché il basamento era pericolante, giace, con le braccia spezzate da una caduta, nei magazzini del Macello civico. E, dulcis in fundo, una curiosità: nel periodo intercorso tra la scomparsa di Francesco III (morto a Varese il 22 febbraio 1780) e l’acquisto del Palazzo da parte di Cesare Veratti (1850), l’edificio passò di mano in mano e i proprietari, per far fronte alle ingenti spese di manutenzione, lo davano in affitto ad aristocratici villeggianti. Un “resort” principesco, o meglio ducale.

Non molti anni fa, la sobria facciata di Palazzo Estense che dà su via Sacco è stata ritinteggiata con il "rosa estense" della dimora originaria di Francesco III, un ritorno al passato che ha ridato smalto a un tesoro architettonico della città per troppo tempo trascurato. Pochi sanno che la sede del nostro Comune ha ospitato l'ufficio principale di Poste e telegrafi fino a quando, nel 1933, fu edificato il monumentale palazzo delle Poste centrali di viale Milano. Di fronte al municipio, fino al 30 agosto 1967, era attivo l'"Albergo dell'Europa", uno dei più antichi hotel varesini. Aperto come locanda con ricovero per cento cavalli nel 1805 e divenuto "stazione di posta" per il Lago Maggiore, fece il salto di qualità nel 1856 e fu all'avanguardia nell' offrire ai clienti una sala cinematografica, ricavata al piano terreno. Posto al bivio tra la direttrice del Verbano e quella delle valli, l'"Europa" fu molto frequentato dai viaggiatori e al tempo stesso, grazie al suo ampio e sontuoso salone, fornì alla città il luogo ideale per ricevimenti e feste da ballo. Via Sacco ha subìto, dopo il ventennio, numerose modifiche architettoniche soprattutto sul lato del palazzo comunale. Guardando la strada dall'incrocio con le vie Sanvito, Staurenghi e Verdi, si può rilevare la sostanziale conservazione del lato sinistro mentre è irriconoscibile quello opposto: oggi la vista può spaziare dall'incrocio semaforico sino al fianco di Palazzo Estense in cui si trova la Biblioteca Civica mentre, sino al febbraio del 1979, la vista era impedita dall'edificio, costruito nel 1903 e demolito 76 anni dopo per eliminare la strettoia di via Sacco, che ha ospitato prima le Scuole maschili, poi l'Istituto magistrale "Alessandro Manzoni" e infine la scuola media "Silvio Pellico". Prima ancora, ai tempi in cui fu scattata la vecchia fotografia a pagina 38, tra via Sanvito e Palazzo Estense si frapponevano l'elegante Kaffee-Haus del parco Bellotti, adibita a portineria nel 1890 e poi demolita, e l'edificio di una filanda costruita nel 1837 e abbattuta nel 1932. Del complesso scolastico edificato all'angolo tra via Sacco e via Verdi, aperta tra roventi polemiche nel 1889, è stato conservato il rustico che, ristrutturato, ospita gli uffici tributari del Comune.

ALBERGO DELL'EUROPA

Banca Popolare di Vicenza

eccetto

Nei primi decenni del Novecento, i binari del tram formavano un reticolo che segnava le principali vie del centro e le strade tra il nucleo urbano e i rioni. Dalla via Veratti, pressoché immutata, con il suo Cedrus Libani, il "Piantone" punto di riferimento e simbolo della città verde, sono sparite solo le rotaie, posate quando il trasporto su gomma era rappresentato prevalentemente dalle biciclette. Tutto o quasi è come prima, con la maggior parte dei bei palazzi restaurati, tranne il nome della banca che apre i suoi sportelli all'angolo con via Sacco. Raccontavano i miei vecchi che le rotaie della via dedicata al concittadino benemerito, nel periodo di Carnevale, erano utilizzate dai monelli del luogo per produrre fragorose esplosioni provocate dai petardi schiacciati dalle ruote del tram in transito. Il manovratore s'infuriava, i passeggeri si spaventavano ma i ragazzi si divertivano un mondo.

Quando fu scattata questa fotografia (1908) la pena di morte nel Regno d'Italia era stata abolita da quasi vent'anni e non per caso l'antica piazza del Cappello fu intitolata a Cesare Beccaria, autore del pamphlet "Dei delitti e delle pene", passato alla storia per le argomentazioni contrarie alla pena capitale e alla tortura fondate non sul "buonismo" ma sul pragmatismo utilitarista. La piazza del Cappello, teatro delle esecuzioni capitali a Varese, era un tempo fuori del borgo, appena oltre Porta Rezzano, situata all'altezza dell'attuale via Carlo Cattaneo. Il boia aveva il "casotto degli attrezzi", ironia della sorte, dove oggi si affaccia la vetrina di una macelleria; le condanne erano eseguite "coram populo" ma non si può dire che il macabro spettacolo fosse molto frequente: tra la metà del '500 e la metà del '600, quando Varese faceva parte dello Stato di Milano, si calcola che fu messo a morte in media un condannato ogni due anni. L'avversione dei varesini dell'Ottocento per le "uccisioni legali" è dimostrata dal fatto che, nell'ultimo periodo prima dell'abolizione della pena capitale, fu necessario assoldare un boia svizzero. Della vecchia Varese che a noi piace rievocare, piazza Beccaria è uno dei pochi luoghi risparmiati dal piccone demolitore. Forse per rispetto nei confronti del grande giurista nemico della pena di morte.

La Provincia di Varese

Domus vetera o anche *casa vetera* e *cavedra*: via Vetera prende il nome latino dalla vecchia casa religiosa degli Umiliati, che occupava l'intero lato settentrionale della strada fino al palazzotto di piazza Beccaria e che comprendeva una chiesa, dedicata a Santa Maria, in stile gotico lombardo, di cui si conservano solo alcune tracce. La confraternita degli Umiliati, sovente osteggiata dal potere ecclesiastico perché ritenuta in odore di eresia, s'insediò a Varese nella prima metà del XIII secolo e vi prosperò, svolgendo varie attività (agricola, molitoria e tessile) oltre a quella pastorale, fino al 1571, anno in cui l'ordine fu soppresso dopo che un suo membro, Gerolamo Donato detto il Farina, tentò di assassinare l'arcivescovo Carlo Borromeo con un colpo di archibugio. C'è chi sostiene che nello scioglimento dell'ordine abbia avuto un peso la concorrenza che gli Umiliati, ottimi "imprenditori tessili", facevano alla potente famiglia Borromeo. Più lunga vita ebbero le Umiliate di San Martino, "sfrattate" e sciolte dai voti nel 1798 da un decreto della Repubblica Cisalpina.

In piazza Cacciatori delle Alpi, dove oggi si amministra la giustizia, fino alla fine degli Anni Venti del Novecento si studiava. Il bell'edificio a ferro di cavallo con il piano terreno porticato era, infatti, la sede della Scuola maschile e del Liceo di Varese. Quando, nel 1929, fu affidato all'architetto romano Vittorio Ballio Morpurgo il progetto di un palazzo di giustizia adeguato al nuovo ruolo della città capoluogo di provincia, la soluzione adottata dall'estensore del piano regolatore del ventennio fu quella di applicare al vecchio edificio scolastico ristrutturato una facciata "littoria". Al centro della piazza, dal 1861, s'innalzava il monumento ai Cacciatori delle Alpi in pietra di Viggiù del viggiutese Luigi Buzzi, trasferito nel 1901, affinché fosse preservato dalle intemperie, nell'androne della caserma Garibaldi, mentre la sua versione fusa in bronzo troneggia da allora in piazza del Podestà. Un secolo dopo, nel luogo in cui s'innalzava la statua del Garibaldino, è stato posto l'Antropotauro (ispirato al mitologico Minotauro) dello scultore siciliano Salvatore Fiume. Quando il nuovo monumento fu inaugurato, ci fu chi ebbe da ridire sulla scelta di collocare la statua con le terga rivolte al tempio del diritto ma forse sarebbe stato peggio se il mezzo toro avesse dovuto fissare il tribunale. Avrebbe visto rosso.

C'è chi invecchiando migliora: è il caso di via San Martino, uno dei pochi angoli del centro storico che non hanno subìto le ingiurie del piccone modernista e della speculazione: i suoi bei palazzi sono stati conservati e restaurati e chi ci vive o ci lavora ne va fiero, come dimostra la sagra organizzata ogni anno, nella prima decade di novembre, dal comitato della contrada. La strada intitolata al santo generoso non è sempre stata così: all'incirca a metà del tracciato, in corrispondenza di un fossato scavalcato da un ponticello, un tempo sorgeva la porta San Martino, che delimitava il piccolo nucleo del borgo varesino in direzione delle castellanze di Biumo Superiore e Inferiore. Rimasta per secoli "foris portas", la chiesa dedicata al santo, frutto di successivi ampliamenti e modifiche della chiesetta romanica del XIII secolo, è scampata alla soppressione e demolizione dell'attiguo convento delle Umiliate (1798) e a un incendio, scoppiato nel 1855, dopo che il tempio era stato trasformato prima in deposito militare e poi in fienile. Sopravvive, in una proprietà privata tra via San Martino e via Dandolo, anche la chiesa, oggi sconsacrata, della Confraternita di San Carlo.

Salvaguardata in gran parte nel suo aspetto ottocentesco e nel suo impianto, la piazza dedicata a Giosuè Carducci ha però subìto, al pari di altri luoghi di Varese, una forte "secolarizzazione". Non è rimasta traccia, dopo la ristrutturazione delle sue antiche case, né della chiesa di Sant'Antonino, facente parte dell'omonimo convento all'angolo con corso Matteotti, che dava il nome alla piazza prima dell'intitolazione al grande poeta toscano, né della cappella di un collegio di Gesuiti che vi sorgeva nel Settecento. Il pezzo pregiato della piazza è Palazzo Comolli, che troneggia fra via Broggi e via Cattaneo. Dal 1817, dopo la restaurazione del potere austrungarico, fu sede di un "casino dei nobili", luogo di ritrovo dei notabili varesini e soprattutto dei patrioti. Più volte chiuso dalle autorità austriache, pare che avesse un passaggio segreto sotterraneo con il chiostro di Sant'Antonino usato dagli irredentisti per sfuggire alle retate.

John Ashfield

Nella nostra Varese non è vero che, per dirla alla Bartali, "gli è tutto sbagliato l'è tutto da rifare", e non solo nel corso Matteotti preservato dal furore modernista. Per lo meno negli ultimi decenni, da quando cioè si è diffusa la cultura del rispetto per le tradizioni, anche architettoniche, chi ha avuto il compito di amministrare la città si è posto il compito di migliorare ciò che di bello è rimasto dopo lo scempio perpetrato da chi ha governato Varese nei decenni a cavallo del secondo conflitto mondiale. Un buon esempio è la pedonalizzazione e la "riqualificazione" del comparto piazza Giovine Italia, via Rossini, via Donizetti, che ha riscosso, dopo le iniziali perplessità corporative, il consenso pressoché unanime dei varesini. Non potendo fare miracoli come resuscitare il Teatro Sociale e ricreare l'atmosfera dei tempi d'oro della città, i nostri amministratori sono riusciti a ottenere il massimo risultato possibile: rendere vivibile e godibile una porzione del centro storico gravemente manomessa negli Anni Cinquanta.

Tra le vie dedicate a due grandi della musica lirica italiana, Gioachino Rossini e Gaetano Donizetti, andò in scena oltre mezzo secolo fa il dramma culturale varesino per eccellenza: la demolizione del Teatro Sociale, una ferita ancora aperta e difficilmente rimarginabile. Eppure quando, il 18 settembre del 1953, la "piccola Scala" cadde sotto i colpi di piccone del "progresso", la "nostra" Prealpina salutò l'evento con un entusiastico "e al suo posto sorgerà un bel condominio". D'altronde il Sociale era stato lasciato decadere fino allo stato di quasi rudere nei decenni precedenti (l'ultima stagione lirica risaliva al 1930) e pochi, in un'epoca in cui la sete di novità faceva premio sulla salvaguardia delle vestigia del passato, furono scandalizzati della demolizione del nostro tempio della lirica, i cui fasti sono rievocati in diverse pubblicazioni tra cui il libro di Pietro Macchione "Due secoli di teatro a Varese. 1776-1987", edito da Lativa nel 1987, e il saggio di Bruno Belli "Il teatro Sociale di Varese nell'Ottocento", pubblicato nel 2003 da Grafica Europa.

Vincenzo Dandolo, ebreo convertito al Cristianesimo e nobile veneziano per adozione, non fu solo un eccellente chimico e agronomo ma anche un grande filantropo. Alla comunità di Varese, dove si era trasferito per... coltivare i suoi studi, lasciò alla sua morte (1819) la proprietà di Biumo Inferiore su cui oggi insiste il viale a lui dedicato, con il solo vincolo di mantenere le essenze che aveva piantato. Un quarto di secolo fa, però, i platani del conte furono sostituiti con "celtici" bagolari e, con le piante originarie, sono spariti gli edifici costruiti tra Ottocento e Novecento sul lato non alberato della strada. Se non fosse per la chiesa della Madonnina in Prato il viale Dandolo delle origini sarebbe irriconoscibile.

Simbolo della devozione mariana, il piccolo santuario della Madonnina in prato fu edificato nel Cinquecento sulla base di una preesistente chiesetta tardogotica. Del santuario si ha notizia per la prima volta nel 1574 in occasione della visita pastorale dell'arcivescovo di Milano Carlo Borromeo mentre un secolo più tardi, tra il 1678 e il 1686, fu costruita la facciata di stile barocco in pietra arenaria di Viggiù, caratterizzata dai telamoni che reggono il portichetto. La chiesa, con il suo minuscolo sagrato alla biforcazione tra l'antica via Garibaldi e via Adamoli, ha alle sue spalle il complesso settecentesco dell'area Cagna in una parte del quale è stata ricavata, con un sapiente restauro, l'attuale sede del Civico liceo musicale "Riccardo Malipiero".

Via Medaglie d'Oro, un tempo viale Umberto, ha subìto nel corso del Novecento una profonda trasformazione, a cominciare dal patrimonio verde soffocato dal cemento. Nel parco a sinistra, al riparo della cortina di alberi, sorgeva e sorge ancora, sia pure in fase di ristrutturazione, l'edificio acquistato nel 1810 da Vincenzo Dandolo e dal conte pesantemente manomesso con la demolizione della chiesa e di parte del convento edificato nel Quattrocento dai frati minori dell'Annunciata. Per nostra fortuna, nel trasformare il luogo sacro in villa padronale, il nobile veneziano risparmiò, probabilmente a sua insaputa, un affresco (Ultima Cena) del Magatti che è stato scoperto lo scorso mese di gennaio in quello che resta del refettorio dei frati. L'edificio nella foto qui sotto fu invece demolito nel maggio del 1962: sull'area all'angolo tra le vie Medaglie d'Oro e Orrigoni, fu aperto il primo settembre di quattro anni dopo il City Hotel, progettato dall'ingegner Antonino Mazzoni.

TUTTA DA

Quando, nel 1916, fu scattata questa fotografia, la caserma Garibaldi godeva di ottima salute. Poco meno di mezzo secolo dopo, il giorno (23 agosto 1963) in cui l'ultimo reparto che la "Garibaldi" aveva ospitato, il Terzo battaglione del 67° Reggimento Fanteria, si congedò dalla nostra città, la caserma "era ormai divenuta un rudere quasi inservibile", come scrisse Mario Lodi, storico direttore della Prealpina. Da allora è passato un altro mezzo secolo e il "rudere", acquistato dal Comune, ha subito altre ingiurie, non imputabili solo al trascorrere del tempo. Per rimetterlo in sicurezza prima del restauro l'Amministrazione sta spendendo fior di quattrini e non sono pochi i varesini che avrebbero ritenuto più sensato l'abbattimento. Chi scrive dissente dai "rottamatori" perché la "Garibaldi" è l'unico edificio che, opportunamente ristrutturato, può dare un senso a una piazza inguardabile per l'accozzaglia di stili architettonici che la caratterizza.

STOP

-70%

L'antica piazza d'armi, divenuta Mercato e poi consacrata alla Repubblica dopo l'effimera parentesi dell'Impero, è profondamente cambiata nel corso del Novecento ed è destinata a cambiare ancora (si spera in meglio). I vecchi varesini se la ricordano contornata da un filare rettangolare di tigli, con il fondo sterrato che si popolava di bancarelle. Il mercato degli ambulanti fu trasferito, nel settembre del 1967, in piazzale Maspero, oggi piazzale Kennedy mentre quello stabile, il Mercato coperto, edificato nel 1931, cadde sotto i morsi delle ruspe il 30 luglio del 1992. Pochi anni dopo la piazza è diventata il coperchio del parcheggio sotterraneo multipiano, aperto il 12 maggio del 1997 anche al servizio del Centro commerciale, sorto sulle macerie delle basse case che fronteggiavano la fila di bancarelle del mercato ortofrutticolo permanente. All'alba del nuovo millennio, nello spiazzo liberato dal Mercato coperto, è poi stato edificato il nuovo "teatro instabile", che sarebbe dovuto restare attivo per dieci anni ma che, per nostra fortuna (è oggi l'unica sala varesina con più di mille posti), dispensa spettacolo e cultura da più di un ventennio. Per la verità un altro teatro, il "Ducale", prima sala teatrale di Varese, era sorto o meglio ricavato nel 1776 in quella che è oggi piazza Repubblica nel bel palazzo rinascimentale costruito nella seconda metà del Quattrocento dal conte Ambrogio Griffi e trasformato poi in albergo, convento dei Girolamini (1734), teatro e, infine caserma (chiamata dai varesini il "Quartiere") per finire abbattuto nel 1867, allo scopo di ricavare una piazza d'armi per la nuova caserma Garibaldi e per il commercio del bestiame. Il lato di piazza Repubblica che solo una demolizione selettiva potrebbe "riqualificare" è la quinta visibile dalla balconata su cui si erge il Monumento ai Caduti di Enrico Butti, lì trasferito nel 1936 dall'originaria sede di piazza XX Settembre: quale genio dell'architettura ha mai potuto concepire l'accostamento inguardabile tra il più bel palazzo della piazza, Casa Rovera, e il giallo edificio all'angolo con la via Avegno? È e resterà uno dei troppi "misteri dolorosi" dell'urbanistica varesina.

TEATRO

La costruzione del complesso del Centro commerciale è stato l'ultimo "colpo di piccone" alla vecchia via Manzoni che era sopravvissuta alle demolizioni del ventennio. È difficile ricordare tutte le molteplici attività commerciali che si svolgevano nei palazzi ottocenteschi che costeggiavano la sede stradale più stretta dell'attuale. A sinistra, all'angolo con la piazza Mercato, dove nella foto d'epoca si vede il Caffè Verbania, molti di noi ricordano il Caffè Firenze, tra l'altro luogo di ritrovo di dirigenti, giocatori e tifosi del Varese calcio. Sullo stesso lato della via ricordiamo il ristorante "Ghiaccio", l'albergo Morfeo e il negozio del meccanico ciclista Cervini mentre sul lato opposto, verso via Volta, i più anziani ricordano l'albergo ristorante dell'Angelo, la libreria Caravetta e la prima, piccola pizzeria-gelateria aperta in città da Quinto Zei, pioniere della pizza al taglio. Anche la via dedicata all'autore dei "Promessi sposi" è stata sacrificata al traffico di attraversamento e al gigantismo edilizio.

Da dove viene in città, anzi, a Varese, come usavamo dire noi delle castellanze, la contadina con la gonna a larghe falde e la gerla sulle spalle? Probabilmente scende da Bosto a portare, con rustica eleganza, i prodotti del suo orto a qualche negozio del centro. Quello che chiamano progresso ha cancellato, oltre alle belle case di cent'anni fa, anche la vista del campanile del Bernascone, simbolo della città, da questa zona, vale a dire dall'angolo che la via poi intitolata al comandante Avegno, eroe della Resistenza in mare, fa con via Mazzini, una vera e propria "arteria" per quell'epoca, che proseguiva oltre l'incrocio con via Garoni, oggi Vittorio Veneto, prendendo il nome del conte di Cavour. Le tradizionali, sobrie e raffinate case di due/tre piani sono state sostituite dai palazzoni, ultimo in ordine di tempo quello edificato dal fu Credito Varesino.

Come via Avegno anche la strada intitolata a Camillo Benso conte di Cavour, padre titubante della Patria, ha subìto una metamorfosi rispetto a un secolo fa: le due ville sulla destra, quella col tetto a capanna e quella con la veranda d'ingresso, sono state demolite per erigere palazzi mentre resistono, pur modificate, le case successive. Meno manomesso l'altro lato, almeno fino al largo oggi dedicato alla Resistenza, dove nel 1969 la bella villa che sorgeva di fronte allo sbocco di via Rainoldi fu demolita. Al suo posto fu costruito il condominio con porticato al quale fa oggi ombra il "piantone" che s'innalza a fianco del monumento ai partigiani del compianto scultore Luigi Bennati. Di fronte al palazzo sopravvive la villa pressoché coeva di quella abbattuta che, ironia della sorte, ospita la sede dell'associazione dei costruttori edili.

Quando fu costruito, dalle finestre del retro ci si poteva affacciare su una piazza Monte Grappa enorme perché i vecchi edifici tra corso Roma e via Volta erano già stati abbattuti e il palazzo dell'Inps, progettato dall'architetto Mario Loreti, non era stato ancora edificato. Palazzo Sciarini, all'angolo tra corso Moro e via Magatti, costruito tra il 1930 e il 1933 su progetto dell'architetto Aldo Scala e dell'ingegner Antonino Mazzoni, è uno dei primi palazzi realizzati nel nuovo centro di Varese nel ventennio fascista, del cui stile architettonico condivide la mole e i materiali ma non il freddo aspetto monumentale che caratterizza invece le realizzazioni loretiane della piazza ispirata a De Chirico. Se Palazzo Sciarini è il frutto degli sventramenti programmati dal piano regolatore del 1929, il palazzo della vicina via Magatti all'angolo con via Manzoni fu costruito nella seconda metà degli Anni Sessanta sulle macerie di un edificio ottocentesco che ospitava, tra le altre attività, anche l'Albergo ristorante Manzoni, una delle strutture ricettive più frequentate della città. L'aveva aperto nel 1909, nella forma più modesta di osteria con alloggio e ricovero per i carri, Enrico Clerici, che col passare degli anni, affiancato dal figlio Arturo, lo trasformò in albergo ristorante. Grazie al salone per banchetti al primo piano e la rinnovata sala ristorante al piano terreno, il "Manzoni" divenne una "location" appetita dai club per le riunioni e dalle coppie di sposi per il pranzo nuziale. L'esercizio chiuse i battenti il 10 novembre del 1966.

LA BRASILIANA

Via Garoni non era, a differenza di via Verbano, un budello da ampliare per dare spazio ai nuovi mezzi pubblici, il tram, e privati, sempre più invadenti dopo l'intitolazione della via a Vittorio Veneto, la città simbolo della Vittoria. Era una strada elegante, con palazzi di pregio come la vecchia sede del Credito Varesino e il prospiciente edificio dell'albergo Italia. Ciò nonostante, dell'antica "arteria" del centro cittadino resta ben poco e in quel poco non ci sono gli edifici di maggior pregio. Ci sorge un dubbio: se il Varesino fosse passato di mano prima, i "padroni" bergamaschi avrebbero demolito quel bel palazzo? La risposta è in una gita a Bergamo alta.

Ecco la metamorfosi di via Garoni-via Vittorio Veneto vista da piazza XX Settembre. Tra gli edifici abbattuti sul lato destro anche quello su cui si aprivano le vetrine dell'elegante Caffè Leoni, che deliziava i varesini con la cioccolata con panna, d'inverno, e con il "pezzo duro", d'estate. Quasi di fronte, all'angolo con via Mazzini, la salumeria Chierichetti, prima che negli stessi locali aprisse il Panificio Clerici, prendeva i varesini per la gola. Mossi non dalla nostalgia ma dal nostro, ovviamente soggettivo, gusto estetico salveremmo solo la palazzina, ben restaurata, all'angolo con via Cavour ma, volendo essere indulgenti, vorremmo almeno ridisegnare il grigio "tempio dello shopping".

La mutazione edilizia di via Morosini è uno dei tanti esempi delle scriteriate scelte di chi ha governato l'urbanistica varesina nel secondo dopoguerra. Su un lato della via sopravvivono, restaurati, i bei palazzi ottocenteschi mentre sull'altro il vecchio ha lasciato spazio a nuovi edifici di dubbio gusto. Un caso a sé è quello del cinema teatro Politeama che, devastato da un incendio nel 1966, è stato ricostruito. Un'altra trasformazione che balza agli occhi è la riproposizione sul lato opposto della strada del filare di alberi dopo che quello originario, sul lato del Politeama, era stata abbattuto. E il Politeama? La sala cinematografica ha chiuso i battenti nel maggio del 2008. La Fondazione Molina, proprietaria dello stabile ereditato da un benefattore, ha annunciato un progetto di recupero dell'edificio basato sul ridimensionamento della sala a favore di uno spazio commerciale. Secondo noi la sala, opportunamente ristrutturata, potrebbe invece diventare quel teatro che la città attende dall'abbattimento del Sociale. Un nuovo Politeama "sociale" offrirebbe uno spazio adeguato alla musica (anche se non alla lirica) e alla prosa.

Nel 1967, un anno dopo il "Manzoni" di via Magatti, chiuse i battenti un altro noto albergo ristorante varesino, il Magenta, in origine Isola Magenta. Aperto alla fine dell'Ottocento, il complesso alberghiero si era giovato della sua posizione, nei pressi della stazione delle Ferrovie Nord, per attirare una clientela formata in massima parte da agenti di commercio e, più in generale, da lavoratori in trasferta che vi trovavano buona accoglienza e altrettanto buona cucina a prezzi abbordabili. A differenza del "Manzoni" della famiglia Clerici, la struttura ricettiva posta in via Morosini angolo viale Milano non fu condannata dal "piccone demolitore" o, se preferite, dalla speculazione edilizia, perché l'edificio in cui aveva sede esiste ancora. La famiglia Lanzi, che non era proprietaria dell'immobile, si dovette arrendere alla cessata locazione, motivata presumibilmente dalla volontà dei proprietari di ottenere di più da altri locatari. Non a caso la cucina tradizionale del Magenta ha ceduto il passo a un "fast food". Segni, e gusti, dei tempi.

Carrozze e carrozzelle in attesa dei viaggiatori provenienti da Milano. La Stazione Nord, ideale punto di partenza di un "Liberty tour" varesino, ha quasi centocinquant'anni e li porta benissimo, anche grazie alla cura con cui è stata via via restaurata. La linea delle Ferrovie Nord Milano, inizialmente limitata a Saronno e poi estesa a Vedano Olona e a Malnate, raggiunse la nostra città il 29 giugno del 1885, dopo la costruzione dell'ardito ponte sull'Olona. L'anno successivo, dalla Stazione Nord potè partire il primo treno per Laveno Mombello. Chissà se leggendo queste note i responsabili della storia infinita dell'Arcisate-Stabio non provino almeno un po' di vergogna.

Autobus e taxi al posto di tram e carrozzelle: così è cambiato, in cent'anni, l'aspetto del piazzale della stazione delle Ferrovie dello Stato. Quella che non è cambiata di molto, nelle sue linee sobrie, è la stazione, tra l'altro di vent'anni più anziana della "sorella" più elegante delle Ferrovie Nord. La linea Gallarate-Varese, prosecuzione della Milano-Gallarate, fu infatti completata il 26 settembre del 1865, grazie all'impegno finanziario di investitori locali. Affidata in gestione alla Società per le ferrovie Alta Italia, passò nel 1885 alla Rete Mediterranea per finire, nel 1905, nelle mani delle Ferrovie dello Stato, oggi Rete ferroviaria italiana (Rfi). Stazione di testa dall'apertura del cantiere infinito dell'Arcisate-Stabio, che ha reso necessaria la sospensione del servizio tra Varese e Porto Ceresio, ci auguriamo che possa "rifiorire" il giorno in cui la nostra città sarà finalmente collegata alla Svizzera e quindi al Centro-nord Europa.

Correva l'anno 1870 quando Santino Trolli e il figlio Luigi fondarono la "Premiata Manifattura Tomaie Giunte" che, prima in Italia, impiegava macchine in grado di cucire automaticamente le tomaie. Non passarono più di dieci anni e le scarpe di Varese ottennero il primo, grande successo all'Expo di Melbourne e al tramonto del secolo, nel 1899, nell'area tra le attuali vie Milano e Casula, il marchio "Trolli" fece spazio al "Calzaturificio di Varese". La qualità del prodotto, frutto non solo della professionalità ma anche del senso di appartenenza del personale, e la capillarità della rete commerciale fecero delle calzature prodotte a Varese le Ferrari della scarpa sui marciapiedi d'Italia e del mondo. Nel 1968, il Calzaturificio lasciò la sede storica per trasferirsi in viale Belforte dove, nei due decenni successivi, furono prodotte un milione di paia di scarpe l'anno. "Espugnato" nel 1982 dal Gruppo Benetton, interessato soprattutto alla settantina di negozi nei centri storici delle principali città d'Italia, il Calzaturificio smarrì la propria identità e andò a morire. Il marchio "Di Varese" è stato però acquisito nel 2006 dai fratelli palermitani Vincenzo e Vittorio Schillaci, che hanno aperto un nuovo stabilimento in via Peschiera.

SOCIETÀ ANONIMA
CALZATURIFICIO DI VARESE

URONICS
TAXI

Nel 1898, un anno prima che sul vicino stabilimento dei Trolli debuttasse l'insegna del Calzaturificio di Varese, cominciava la sua attività il Mulino di Varese, il primo stabilimento molitorio attivo a nord di Milano. L'impresa avviata dai fratelli Pietro e Giovanni Marzoli con il ragionier Giovanni Massari conobbe uno sviluppo impressionante al punto che, nel 1906, per soddisfare il mercato dell'Altomilanese, fu costituita la "Società Anonima Molini Marzoli Massari" che costruì un grande impianto a Busto Arsizio. Il Mulino di Varese fu demolito nel mese di ottobre del 1975 per fare spazio al complesso di via Casula angolo via Adamoli, progettato dall'architetto Marcello Morandini e oggi in stato di abbandono; lo stabilimento di Busto, dalle linee sobrie con interventi in stile Liberty, è stato acquistato dal Comune nel 1985 e trasformato in Tecnocity. Un "derby" che Varese ha perso.

MOLINO A CILINDRI

TAOBAO

Della cascina Merini e dei suoi campi in cui i Cacciatori delle Alpi comandati da Giuseppe Garibaldi sostennero, il 26 maggio del 1859, il primo assalto delle truppe austriache del generale Urban non resta traccia: l'aspetto di Biumo Inferiore è stato stravolto non da una guerra ma dalla crescita edilizia dell'ultimo dopoguerra. Nella prima metà degli Anni Venti era stato edificato il pregevole Villaggio Belfiore, progettato dall'ingegner Eduardo Flumiani ispirandosi all'edilizia delle "città giardino" inglesi; negli Anni Cinquanta e Sessanta sono sorti i palazzoni che hanno trasformato il bel largo IV Novembre in un brutto e fumoso nodo di traffico. Nel luogo della prima vittoria italiana nella Seconda guerra d'indipendenza una Caporetto urbanistica.

Esso

Nel Settecento Biumo Superiore fu la culla di quella che è stata definita la "civiltà delle ville", in prevalenza "ville di delizia" (oggi diremmo "di rappresentanza") destinate non alla residenza ma agli svaghi dell'aristocrazia lombarda. La più nota è Villa Menafoglio Litta Panza, acquistata dal Fai e trasformata in galleria d'arte, ma non si possono dimenticare Villa Veratti altrimenti detta San Francesco (una comunità francescana vi si insediò nel XIII secolo), Villa Mozzoni o "delle quaranta colonne" e Villa Fabio Ponti, la "Napoleonica", accanto alla quale l'imprenditore Andrea Ponti fece edificare, tra il 1858 e il 1859, la più maestosa villa in stile neogotico che ha preso il suo nome e che, con la "sorella" settecentesca, costituisce oggi il Centro congressi della Camera di commercio. Coeva delle ville patrizie è la piccola chiesa di Sant'Anna.

È singolare il legame civile e religioso millenario tra l'antico borgo gallico di Penasca (dalla radice celtica "pen", luogo elevato), l'odierna San Fermo, e il borgo di Varese, ben separati dalla valle dell'Olona. Ancor più singolare, nel far west urbanistico del dopoguerra, è la salvaguardia integrale (comprese le antiche porte) del nucleo urbano di origine medievale che abbraccia il Santuario dedicato ai martiri Fermo e Rustico, affacciato sulla valle. Circondato dal maggior insediamento di edilizia popolare e residenziale del territorio varesino, l'antico borgo non ha chiuso le sue porte ma, al contrario, soprattutto grazie al gruppo culturale degli Amici di San Fermo, si è aperto al mondo: Penasca si è trasformato in un "paese dipinto" che ospita ogni anno, nel primo fine settimana di luglio, una Rassegna di pittura, scultura e artigianato di grande richiamo. Nella valle sottostante, un tempo verde, si è sviluppata invece nel Novecento la piccola "Sesto San Giovanni" varesina, in cui faceva la parte del leone il grande insediamento della Conciaria Cornelia dei Cattaneo. Con una sapiente ristrutturazione, una parte del complesso industriale dismesso è stata adibita a sede della Scuola cattolica intitolata a monsignor Enrico Manfredini. Una scommessa sulla "risurrezione" di Valle Olona.

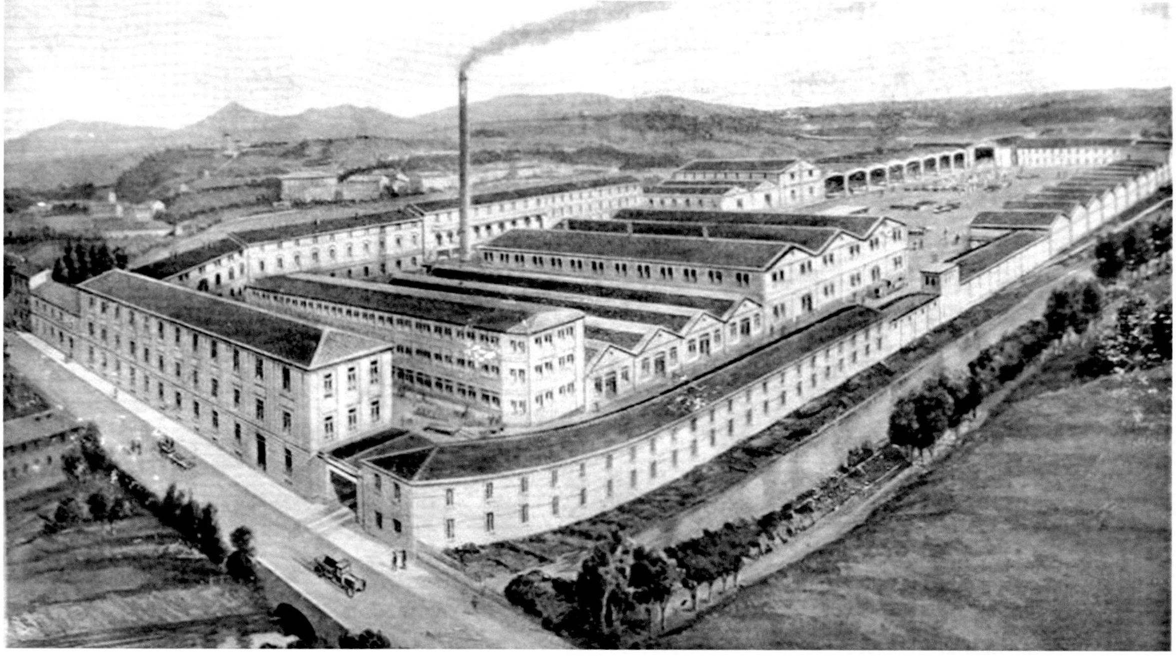

Viale Belforte e viale Luigi Borri, rimasti viali, cioè strade urbane fiancheggiate da filari di alberi, pressoché solo nel nome, sono le due principali direttrici del traffico da e per Varese sui fronti di Como e della Svizzera il primo e di Milano il secondo. I due viali, come ben sanno i residenti e gli automobilisti varesini, vantano da decenni il poco invidiabile primato del traffico e dei conseguenti pericoli per pedoni e ciclisti nel territorio comunale. Dal punto di vista edilizio, l'aspetto che avevano prima dell'ultimo conflitto mondiale, caratterizzato da una successione di villette e palazzine su entrambi i lati con frequenti intervalli verdi, è stato stravolto negli Anni Cinquanta e Sessanta dalla costruzione massiccia di palazzi e di edifici ad uso commerciale e industriale e ciò, unitamente alla gran varietà di stili e di dimensioni, ha generato una babele edilizia che cozza contro qualsivoglia gusto estetico, una caratteristica peraltro comune ad altre zone di espansione del tessuto urbano varesino.

NECCHI

ALBIZZATI
CARGLASS

Tram, qualche automobile e molti ciclisti: era il traffico consueto "intenso ma scorrevole" in via Magenta, già cent'anni fa porta d'accesso al centro di Varese. Oggi, nelle ore di punta, la via, già viale anche se di alberi non ce ne sono mai stati molti, è un'ininterrotta teoria di automezzi in entrata e in uscita dalla città, un flusso filtrato dai semafori delle Due Strade e dell'autostrada. L'aspetto dell'arteria urbana non è cambiato molto sotto il profilo edilizio: sono stati conservati i palazzi "storici", come pure l'officina meccanica che si è specializzata nel vendere e montare pneumatici. Non è cambiato neppure l'aspetto dell'ultimo tratto della bretella autostradale, se non fosse per la sparizione dei casellanti in divisa che, fino al 1946, avevano l'obbligo di salutare militarmente gli automobilisti in entrata e in uscita. L'autostrada che entra in città è uno dei problemi più gravi della mobilità odierna, che il parziale ampliamento del raccordo e l'apertura dello svincolo di Loreto hanno risolto solo in minima parte. D'altronde nel 1924, quando, il 21 settembre, la Milano-Varese fu inaugurata da re Vittorio Emanuele III e dall'ingegner Piero Puricelli, conte di Lomnago, vero padre-padrone dell'opera, l'autostrada era percorsa ogni giorno in media da poco più di mille tra auto, camion e pullman (un numero che raddoppiò solo nel 1938) contro la media odierna di 160.000 veicoli.

AUTOMOBILI
OFFICINA RIPARAZIONI

A cavallo del 1900 Varese e il suo territorio si dotarono di una fitta ed efficiente rete di collegamenti tranviari urbani ed extraurbani (questi ultimi con caratteristiche ferroviarie). Bizzozero, comune autonomo fino alla fusione con Varese, capoluogo di provincia (1927), ebbe ben presto il proprio capolinea, costruito su un terrapieno poi spianato quando, a metà del Novecento, i tram furono sostituiti dagli autobus urbani. La linea tranviaria per Bizzozero, diramazione della tratta per Masnago, inaugurata il 29 aprile 1905, fu realizzata in due tappe, la prima limitata alle Due Strade (oggi bivio Borri-Gasparotto) e la seconda dalle Due Strade a Bizzozero, dove il tram giunse per la prima volta l'11 novembre del 1907. È passato più di un secolo e la mobilità e diventata uno dei problemi più gravi di questa importante zona del territorio varesino soprattutto per chi, da Bizzozero, si dirige verso il centro città e deve vedersela anche con gli automobilisti provenienti da via Gasparotto, lì dove le Due Strade diventano una sola via, trafficatissima. Bizzozero, che ha origini galliche, prende il nome dalla nobile famiglia che costruì il castello che domina la valle dell'Olona. Radicalmente ristrutturato agli inizi del Novecento, l'antico maniero è stato poi frazionato in appartamenti ed è chiuso al pubblico.

Giubiano è una delle tre castellanze varesine (le altre sono Bosto e Biumo Superiore) che sorgono su un colle. Da quasi un secolo e mezzo l'abitato è separato dalla città dalle due linee ferroviarie, Nord e Fs, che s'intersecano ai suoi piedi. La presenza dell'ospedale "Filippo del Ponte", nel cui recinto è stato costruito di recente un grande blocco destinato a farne un polo pediatrico-ginecologico autosufficiente, ha aggravato il "mal di traffico" di cui soffre la castellanza, dovuto in massima parte alla cronica mancanza di aree di parcheggio. La chiesa parrocchiale di Giubiano, dedicata a Sant'Ambrogio, è stata edificata nel 1915, nello stesso luogo, in piazza Biroldi, in cui sorgeva l'antica parrocchiale demolita nel 1910. Della chiesa originaria restano alcuni cimeli tra cui un affresco che rappresenta l'Addolorata, oggi posto su un muro alla base della scalinata che conduce al tempio.

QUESTI CIMELI CHE ORNAVANO
LA FRONTE E L ABSIDE
DELLA DEMOLITA CHIESA PARROCCHIALE
IL PARROCO E LA COMUNITÀ DI
VOLLERO QUI COLLOCATI
A PERENNE RICORDO
DELLA PIETA DEI MAGGIORI
E DELLA FEDE PEI TEMPI VENTURI
ANNO MCMX

Zona residenziale ricca di belle ville d'epoca, Bosto è la castellanza più prossima al nucleo urbano di Varese: la piazza Buzzi, su cui si affaccia la parrocchiale di San Michele Arcangelo, dista da piazza Repubblica le poche centinaia di metri della via Ravasi, ai lati della quale, nel tratto più stretto, sorgono gli edifici più antichi.

Anche Capolago, anticamente "Capo di Lago", "Summolaco" o "Capitelaco", si è sviluppat a negli ultimi decenni come zona residenziale del Comune di Varese, di cui fa parte dal 1927, attorno all'antico nucleo che sorge ai piedi della chiesa parrocchiale dedicata alla Santissima Trinità, un tempo contornata dagli edifici di un monastero attivo già nell'XI secolo.

Il nostro lago, lago di Gavirate prima che di Varese, era noto in passato per la sua pescosità, una risorsa economica preziosa che faceva dei pescatori varesini (negli Anni Venti erano ancora una trentina i professionisti) i principali fornitori dei mercati ittici del Piemonte, oltre che del Varesotto.

Bambini camminano senza correre rischi sulla carreggiata di terra battuta di via Monviso, zona residenziale tra il centro di Varese e la castellanza di Casbeno. Residenziale e molto verde la strada è rimasta con ville antiche e costruzioni più recenti, tutte dotate di parchi o giardini. Ciò che manca, rispetto a un secolo fa, è l'elegante edificio che si può ammirare nella foto d'epoca: Villa Bellosguardo fu demolita nella seconda metà del secolo scorso e sulle sue macerie fu edificato un elegante complesso residenziale, il Condominio Parco Bellosguardo. Dal 1883 al 1907, anno della sua scomparsa, l'antica villa fu il luogo di villeggiatura di Emilia Rizzi, gentildonna lodigiana che va annoverata tra i numerosi, preziosi benefattori dell'ospedale di Varese. Nel 1906, un anno prima della sua morte, Emilia Rizzi redasse un testamento con il quale lasciò alla Congregazione di Carità trentacinquemila lire da "investire" per mezzo di una fondazione a lei intitolata, oltre che cinquecento lire per l'assistenza dei poveri di Casbeno.

Via Sant'Antonio a Casbeno non è molto cambiata da quando fu scattata la fotografia: le vecchie case sono state "rinfrescate" e l'elegante palazzo con la cupola ogivale fa ancora bella mostra di sé all'incrocio con le vie Monviso e Maroni. L'unica mancanza però balza agli occhi: non c'è più l'edicola che successivamente era stata ammodernata. La rivendita di giornali alla confluenza delle vie Sant'Antonio, Montebello e Daverio ha dovuto arrendersi, come quasi tutte quelle che erano aperte a Varese (in centro resiste solo quella di corso Matteotti), al tumultuoso sviluppo dell'informazione on line che ha dimezzato, in un decennio, la diffusione dei quotidiani e dei periodici tradizionali. La carta non canta più.

Quando il turismo era un fenomeno di élite e la borghesia, soprattutto milanese, non aveva ancora scoperto il Sacro Monte e il Campo dei Fiori, la "location" preferita dall'aristocrazia era il Grand Hotel Excelsior di Casbeno. La Villa eretta dei marchesi Recalcati nella prima metà del Settecento nel luogo di una preesistente dimora di campagna passò nell'Ottocento prima a Giuseppe Melzi e poi a Giovanni Battista Morosini, il quale la cedette ai varesini Gerolamo Garoni, Giacomo Limido e Eugenio Maroni Biroldi che il primo luglio del 1874 vi aprirono il grande albergo. Da allora sino alla fine degli Anni Venti del Novecento, le 145 stanze dell'Excelsior ospitarono numerose teste coronate, come il kaiser Federico III di Prussia, il re Alberto Federico Augusto di Sassonia, la regina Margherita e il principe Tomaso di Savoia, che tenne all'Excelsior il banchetto nuziale dopo il matrimonio con la principessa Isabella di Baviera, ma anche letterati ed artisti come Giosuè Carducci, Edmondo De Amicis, Antonio Fogazzaro, Francesco De Santis e Giovanni Segantini. La crisi del turismo successiva al primo conflitto mondiale portò, nel 1927, al fallimento dell'albergo. Nel 1931 la Villa Recalcati fu acquistata dalla neonata Provincia di Varese, che la condivide ancora oggi con la Prefettura.

Bobbiate, piccolo centro agricolo già in età preromana, ha fatto parte della parrocchia di Casbeno fino al 3 gennaio del 1908. Già nel XIV secolo, però, era aperta al culto nel borgo rurale una piccola chiesa dedicata in origine, come quella casbenate, a San Vittore, e successivamente intitolata a San Grato. Nel 1912, quattro anni dopo l'ottenimento dell'autonomia parrocchiale, la chiesa fu ampliata e dotata di una nuova e meno rustica facciata. Passò più di mezzo secolo e la notte di Natale del 1964 la comunità cristiana bobbiatese celebrò, con la nascita di Gesù, anche quella della nuova parrocchiale che emarginò, pur conservandola, l'antica chiesa di San Grato, inadeguata ad accogliere i fedeli di un rione sempre più residenziale e quindi popoloso. Il cambiamento dirompente fu il risultato della scelta coraggiosa di un grande parroco, don Mario Cortellezzi, a Bobbiate dal 1956, tradotta in termini architettonici da un altrettanto grande progettista, l'architetto Bruno Ravasi, che consegnò ai bobbiatesi una grande capanna di mattoni rossi di stile neoromanico. A don Mario, colto all'improvviso dalla morte nel 2003 nella canonica del Santuario di Santa Maria del Monte di cui era arciprete dal 1992, si deve anche il nuovo oratorio oltre che le "battaglie" per i servizi del rione (la scuola, l'ufficio postale, la viabilità) che gli valsero l'appellativo di parroco-sindaco. Come detto, il rione varesino ha subìto fin dagli Anni Cinquanta un processo di urbanizzazione che lo ha progressivamente trasformato da borgo contadino in una delle zone residenziali più importanti del territorio comunale.

Dalla strada sterrata, segnata dai paracarri, si vedono distintamente Villa Craven e la sua portineria oggi oscurate, caso strano, non dall'invadente cemento ma dalla rigogliosa vegetazione. Da qui, già oltre il nucleo urbano di Varese, cominciava il percorso che portava al Comune di Masnago, entrato a far parte della municipalità varesina nel 1927. Lungo il cammino solo ville immerse nel verde, gli stabilimenti della Macchi e, sul colle Campigli, l'elegante mole del Palace Hotel con l'attiguo Kursaal, cattedrali del turismo di lusso, collegati a quella che è oggi via Silvestro Sanvito dalla funicolare. La cesura tra la città e il borgo battezzato dai romani Masenacum era evidente ma altrettanto evidenti erano i legami di buon vicinato, al punto che la prima linea tranviaria con caratteristiche urbane fu proprio quella, inaugurata il 29 aprile del 1905, che collegava Varese e Masnago.

Pressoché parallela a via Silvestro Sanvito, via Francesco Crispi è un'utile alternativa al traffico da e per Masnago. Cent'anni fa di code da "dribblare" non ce n'erano e tra i centri abitati dei due Comuni (Masnago si fuse con Varese nel 1927) c'era un grande spazio verde, una distesa quasi ininterrotta di prati, boschi e campi coltivati. Il primo insediamento consistente fu il Villaggio Vittoria, inaugurato nel 1923, contemporaneamente al Villaggio Belfiore di Biumo Inferiore. L'iniziativa fu presa dall'Istituto autonomo case popolari ed economiche fondato nel 1919 da un gruppo di imprenditori locali allo scopo di offrire un alloggio ai dipendenti delle industrie locali. Ancora oggi i restauri sia pure parziali delle palazzine a schiera mostrano la bontà di un intervento edilizio popolare ma di pregio, rispettoso del popolo a cui si intendeva dare una casa.

Se non possiamo più ammirare il Kursaal di Colle Campigli, casa da gioco con annesso teatro, non è colpa né del "piccone demolitore" fascista né della speculazione edilizia "democratica" del dopoguerra ma degli alleati angloamericani che, bombardando Varese in due riprese nell'aprile del 1944 nel vano tentativo di radere al suolo lo stabilimento Aermacchi, oltre a distruggere le vite di un centinaio di persone, ridussero il Kursaal a un cumulo di rovine e misero fuori uso anche la funicolare, di cui è rimasta in piedi solo la stazione di monte. Grazie al Cielo le bombe dal cielo risparmiarono l'hotel Palace, progettato dal grande Sommaruga nel 1911, completato due anni dopo e a tutt'oggi in piena efficienza.

Da quando il tram è stato "mandato in pensione", la via Francesco Caracciolo, "arteria" di Masnago, ha subìto una profonda trasformazione edilizia: sul lato sinistro il vecchio e il nuovo si sono spartiti lo spazio; la teoria di vecchie costruzioni è stata interrotta dal palazzo della farmacia mentre sul lato destro, oltre il muro di contenimento del parco Mantegazza, è stato costruito l'edificio che ospita una storica filiale del Credito Varesino oggi... bergamasco. Obbligata fu invece la decisione di demolire, nel 1953, l'antica parrocchiale danneggiata dai bombardamenti dell'aprile 1944 (la nuova fu aperta al culto il 28 giugno del 1965), che risparmiarono invece il castello, aperto al pubblico dal 1990 e sede, dal '95, di collezioni permanenti dei Musei Civici. E a proposito della nuova chiesa, sempre dedicata ai Santi Pietro e Paolo, vale la pena di ricordare che il progetto firmato dall'architetto Giuseppe Polvara fu "bocciato" dal grande designer varesino Flaminio Bertoni, il quale inviò dalla Francia al parroco dell'epoca don Mario Grassi un suo bozzetto che però restò nel cassetto. Anche a Masnago, come in altre zone del centro e della periferia, senza alcun criterio apparente, le amministrazioni comunali che si sono succedute nel dopoguerra hanno condannato a morte edifici storici, anche pregevoli, e ne hanno graziati altri nella stessa strada o piazza. È rimasto pressoché immutato, invece, il cuore del rione, che pulsa all'altezza di piazza Francesco Ferrucci. A Masnago il "progresso" non è stato Maramaldo.

THE SOCIAL
BAR
TAVOLA CALDA
PANINI
APERITIVI
GELATI
WI-FI
MENÙ COMPLETO €10

Sono passati cinquant'anni da quando l'area tra Masnago e Sant'Ambrogio ha cessato di essere un'ampia zona verde, punteggiata da poche, belle ville. Come si vede nella foto a fianco, non erano ancora sorti il palazzetto dello sport e il complesso della scuola media "Angelo Vidoletti" mentre, sul fronte opposto, non c'è traccia del McDonald's, dell'edificio del Liceo artistico "Angelo Frattini", costruito dal fu Credito Varesino come Centro di calcolo, né del "falansterio" progettato dall'architetto Guglielmo Mozzoni nello spirito della "città (per lui) ideale". A sinistra s'intravede la vecchia tribuna distinti del "Franco Ossola", inaugurato nel 1935 come "stadio del Littorio", mentre non si vede, ma c'era, la pista di pattinaggio accanto alla Baita dello stadio, dove il 10 settembre del 1967 fu aperto il primo campo all'aperto dell'Hockey Club Varese. Il palazzetto dello sport fu inaugurato il 6 dicembre del 1964, cinque anni più tardi fu la volta della "Vidoletti" e poi il cemento occupò anche il lato opposto. Infine, quando fu aperto il McDonald's, la pista di pattinaggio aveva cessato di esistere da anni e anni, sia per l'apertura del Palaghiaccio di via Albani sia perché la "giazera" di Masnago era stata chiusa d'imperio dal mutamento climatico.

La stazione delle Bettole fu il capolinea della Ferrovia della Valganna, (estesa nel 1905 fino a Luino), solo per tre anni, dal 1903 al 1906, quando l'unificazione tecnica del sistema di alimentazione consentì alle vetture della ferrovia extraurbana di percorrere i binari della linea Varese-Prima Cappella. Con il capolinea arretrato nei pressi delle due stazioni ferroviarie varesine si evitarono i trasbordi e le Bettole divennero il nodo di una rete che in pochi anni collegò non solo Varese con Luino e Ponte Tresa, passando dal "bivio" di Ghirla, ma anche le due località lacustri tra loro, senza contare il ramo secondario della Valcuvia. Il nome della località deriva dal fatto che in un lontano passato vi sorgevano alcune locande e osterie destinate ad ospitare e rifocillare i pellegrini che, da ogni parte della Lombardia e non solo, si recavano in pellegrinaggio a Santa Maria del Monte. Oggi la stazione, identica a quella originale con l'aggiunta di una tettoia, si trova in uno stato di totale abbandono. Dal viale intitolato al padre cappuccino Giovan Battista Aguggiari, ideatore della Via del Rosario, transitava però già dal 1895 la prima linea tranviaria varesina che collegava la città alla Prima Cappella. Rispetto ad allora il primo tratto della strada è rimasto immutato sul lato sinistro, dove sorgono tutt'ora le antiche case di due piani, mentre è stato edificato fin dai primi del Novecento il lato opposto, allora rigorosamente verde.

Come un secolo fa, la piazza di Sant'Ambrogio Olona è dedicata al Milite Ignoto ma l'eroe immortalato nel monumento ha cambiato volto. La statua dello scultore Ernesto Bazzaro, che rappresentava un soldato proteso verso il nemico con la bandiera in pugno, fu infatti rimossa dall'occupante tedesco nel 1943 e la piazza rimase senza monumento fino al 9 settembre del 1957 quando, alla presenza delle autorità varesine e del ministro dell'Interno Fernando Tambroni, fu inaugurata la scultura del santambrogino Angelo Frattini che rappresenta "la Gioventù nell'atto di stringersi al petto la bandiera italiana, simbolo della Patria".

Il giovanissimo garzone del Circolo si prende una meritata pausa in una piazza Milite Ignoto che, a parte il monumento sostituito per furto, non è cambiata molto rispetto a un secolo fa. È cambiata, in meglio, l'area piantumata, grazie all'impegno del (purtroppo) soppresso Consiglio di circoscrizione ed è migliorato anche l'edificio con lo splendido giardino alberato, unico nel suo genere a Varese, che ospita il Circolo Cooperativa L'Avvenire, la cui costituzione avvenne sotto la presidenza di Pasquale Zanzi con atto del notaio Guglielmo Piatti il 24 maggio del 1906, esattamente nove anni prima che l'Italia entrasse nella Prima Guerra Mondiale.

La “nuova” chiesa parrocchiale di Sant’Ambrogio Olona fu inaugurata il 20 dicembre del 1885, solo dieci anni prima che l’allora comune autonomo della provincia di Como fosse raggiunto dal tram varesino. L’edificio religioso costruito per ovviare all’inadeguatezza dell’antica parrocchiale, sviluppata da una preesistente chiesetta romanica, fu progettato in stile lombardo puro con motivi bizantini dall’ingegnere varesino Paolo Cantù. Cinque anni dopo l’apertura al culto del nuovo tempio, la chiesa antica, posta nel nucleo storico del borgo, fu “affettata” per consentire l’ampliamento della via Sacro Monte, percorsa dai pellegrini. La nuova parrocchiale non rischia di subire la stessa sorte anche perché dotata di un ampio sagrato ma lo sviluppo edilizio degli Anni Sessanta ne ha compromesso l’originaria visibilità.

A cavallo del 1900, il territorio di Sant'Ambrogio Olona fu la "rampa di lancio" dello straordinario sviluppo turistico della montagna varesina. L'arrivo del tram, nell'estate del 1895, fu una conseguenza e, al tempo stesso, un fattore di accelerazione del boom del turismo caratterizzato, tra l'altro, dalla fioritura di ville in stile Liberty, in massima parte costruite da facoltosi milanesi per la villeggiatura. Ancora oggi sono numerose tra l'Officina e la Prima Cappella le dimore signorili, in generale ben tenute, che testimoniano l'età dell'oro di Varese, allora davvero "land of tourism". Ne è un esempio questo scorcio di Fogliaro dove un tempo il tram, come oggi l'autobus della linea C, svoltava a sinistra per salire al Sacro Monte.

ALBERGO ROBARELLO
CAFFÈ

La Rasa di Varese, in passato Rasa di Velate, del cui Comune autonomo ha fatto parte fino al 1927, è come Bregazzana (nelle due foto a fianco) un caratteristico borgo pedemontano varesino che ha mantenuto, nonostante un discreto sviluppo edilizio, l'aspetto originario. Nella località Fornaci della Riana si trova la sorgente principale del fiume Olona, che dalla Rasa comincia il suo cammino di 104 chilometri verso il Naviglio Grande.

Velate, borgo fortificato fin dall'epoca tardoromana e comune autonomo fino al 1927, ha una storia antica, testimoniata dalla torre, innalzata poco dopo il Mille. La torre sovrasta la chiesa romanica di San Cassiano mentre la parrocchiale, dedicata a Santo Stefano, citata per la prima volta in un documento del 1190, fu ampliata alla fine del '400, modificata tra la fine del '500 ed i primi decenni del '600 e ulteriormente nel 1886, quando la chiesa fu allungata e fu realizzata una nuova facciata.

30

Accanto all'Oratorio dell'Immacolata, avamposto della Via del Rosario che accoglieva i pellegrini diretti al santuario, sorgeva la cascina Morona, ultimo insediamento produttivo prima dell'arco che apre la Via Sacra. Era la dimora di una comunità agricola che, tra le altre attività, coltivava la vite sui ronchi scavati nella montagna. La cascina fu demolita agli albori del Novecento per costruire un albergo destinato ad accogliere i turisti dopo che il tram ebbe raggiunto la Prima Cappella. Finita l'età dell'oro del turismo, l'albergo è diventato la sede di una scuola di direzione aziendale e da ultimo un residence. Un secolo dopo il sacrificio della cascina era stato ipotizzato quello dell'ampio parco sottostante per ricavare un parcheggio sotterraneo che, oltre a deturpare il paesaggio e a mettere a rischio la stabilità dell'oratorio, sarebbe costato una cifra spropositata rispetto ai posti auto che si sarebbero potuti ricavare. Le migliaia di varesini che si erano mobilitati contro il progetto possono portare un "ex voto" al santuario di Santa Maria del Monte.

Il 7 settembre del 1895 i binari del tram raggiunsero la Prima Cappella ma solo nel 1907, con il progetto del primo ramo della funicolare, ci si pose il problema, di non facile soluzione, di estendere la linea fino al luogo in cui era prevista la costruzione della stazione. Era necessario "bucare" la collina del Gaggio per scavare un tunnel di un centinaio di metri. In un anno e mezzo fu scavata la galleria e costruito il primo ramo della funicolare Vellone-Santa Maria del Monte, inaugurato il 6 maggio del 1909. Un anno dopo fu approvato il progetto del secondo impianto dalla stazione del Vellone al Campo dei Fiori e anche in questo caso i lavori furono svolti celermente e il servizio fu avviato già nel 1911. Le due funicolari furono "mandate in congedo" nel 1953 e sostituite con autobus urbani. Il ramo Vellone-Santa Maria del Monte è stato riattivato nel Duemila mentre non è alle viste la "risurrezione" della linea per il Campo dei Fiori.

Meta da secoli, ancor prima che padre Aguggiari promuovesse l'apertura della Via Sacra, di pellegrinaggi dalla Lombardia e non solo, Santa Maria del Monte è diventata il punto di riferimento anche del flusso turistico che si è sviluppato dalla fine dell'Ottocento e che ha toccato il culmine nei primi decenni del Novecento. La nuova fonte di affari fu fiutata per primo da Pietro Bianchi, che aprì il suo albergo in cima alla Via del Rosario, di fronte alla statua del Mosè, in un edificio secentesco, caratterizzato da quattro colonne provenienti dal Lazzaretto di Milano, le quali gli suggerirono il nome da dare all'albergo, ancora oggi chiamato "Colonne". Nello stesso periodo, un po' più a valle, aprì la sua prima "location" il Caffè Elixir Borducan. L'entrata in funzione della funicolare e il conseguente spostamento dell'accesso prevalente a Santa Maria del Monte indusse sia i Bianchi del "Colonne" sia i Bregonzio del "Borducan" a "traslocare" sull'altro fianco della montagna.

CAFFE
ELIXIR

ELIXIR AL BORDUCAN

Ancora alla fine dell'Ottocento il Campo dei Fiori era una montagna selvaggia. Pochi sanno che la sua scoperta come risorsa turistica fu merito di un varesino d'America. Tornato in patria, Carlo Ciotti s'innamorò del panorama e approntò un piccolo rifugio per gli escursionisti a fianco del quale, nel 1906, sorse l'Albergo ristorante Paradiso. Dato il colpo di manovella, mister Ciotti passò la mano alla Società Anonima dei Grandi Alberghi Varesini, alla quale cedette i terreni sui quali furono costruiti il ristorante Belvedere, la stazione della funicolare e il Grand Hotel, progettato da Giuseppe Sommaruga nel 1908 e aperto nel 1912. Dopo aver vissuto i fasti della Belle Époque, l'albergo cominciò a condurre una vita sempre più stentata fino al momento in cui, dopo diverse stagioni deficitarie, il primo luglio del 1969, invece di riaprire, chiuse per sempre. Dopo quasi mezzo secolo, trascorso senza che nessuno abbia trovato la "ricetta" per la rinascita e visto lo stato di abbandono del gioiello Liberty, degradato a basamento di ripetitori e antenne, commemoriamo il Paradiso perduto.

HOTEL PARADISO
VISTO DAL SACRO
MONTE DI VARESE
LUIGI SBERZE, PROP.
HÔTEL PARADISO
HÔTEL PARADISO

L'architetto Mario Loreti, autore della piazza Monte Grappa ispirata alla pittura metafisica di Giorgio De Chirico, firmò anche il progetto del Palazzo littorio o Casa del fascio che domina la piazza che, per la legge del contrappasso toponomastico, è stata intitolata alla Libertà. Costruita in uno stile sobrio e niente affatto monumentale, si caratterizza per la doppia prospettiva orizzontale e verticale prodotta dalla pianta angolare e dalla torre, oltre che per l'armonia di diversi materiali e colori, rivitalizzati dal restauro di qualche anno fa. Fu destinata in origine a ospitare la Federazione provinciale del partito fascista e le sue organizzazioni collaterali tra le quali la Milizia volontaria per la sicurezza nazionale. Non a caso, dopo la Liberazione, l'edificio è diventato la sede della Questura e della Polizia di stato. Nella ex Casa del fascio hanno avuto sede, fino al febbraio del 1969, la redazione e la tipografia della Prealpina.

Costruita tra il 1928 e il 1929 su progetto dell'architetto Vittorio Ballio Morpurgo, in collaborazione con il suo "assistente", l'ingegner Antonino Mazzoni, la Casa dei balilla è tra le realizzazioni dell'architettura fascista quella che meno si discosta dallo stile architettonico tipico della Varese del Settecento e dell'Ottocento. L'edificio principale mostra infatti accenti settecenteschi, come il primo piano che richiama i canoni estetici della "civiltà delle ville". Particolare interesse rivestono i motivi decorativi del portale, della loggia e del soffitto mentre, purtroppo, non sono più visibili le pitture di Giulio Rosso che ricoprivano l'abside. Restaurata con gusto pochi anni fa, la Casa dei balilla ospita oggi la sede dell'assessorato comunale che sovrintende alla tutela ambientale e al verde pubblico.

Il palazzo delle Poste e Telegrafi di viale Milano fu costruito nel 1933 su progetto dell'architetto Angiolo Mazzoni. L'edificio è segnato dal contrasto tra il monumentalismo oseremmo dire caricaturale della facciata in mattoni (caratterizzata dalle quattro semicolonne neoclassiche, sormontate da gruppi scultorei in bronzo di figure allegoriche, e racchiuse da due severi pilastri) e l'impianto razionalista dei due corpi laterali (arretrati e più elevati, dal disegno più asciutto, che doppiano un primo ordine a mattoni con un secondo intonacato) e degli spazi interni. "Insieme al complesso di piazza Monte Grappa -si legge su una targa esplicativa- è l'edificio più significativo del nuovo stile littorio dell'architettura varesina dopo la promozione governativa della città a capoluogo di provincia nel 1927". Edificio significativo, aggiungiamo noi, anche per l'eccesso di monumentalità rispetto ad altre realizzazioni architettoniche del ventennio.

Il potere fascista, come tutti i regimi totalitari, diede grande importanza all'attività sportiva soprattutto giovanile. Non è un caso quindi che una delle prime realizzazioni edilizie del ventennio a Varese fu la costruzione dell'imponente Casa dello sport, sovrastante il Viale delle Vittorie, poi "democratizzato" in viale XXV Aprile. Costruita tra il 1928 e il 1929 su progetto dell'architetto Eduardo Flumiani, quella che è conosciuta da generazioni di varesini che vi hanno "fatto ginnastica" come la "palestra dei pompieri", che lì avevano sede prima del trasferimento in via Legnani nell'estate del 1964, è entrata nella storia dello sport nazionale per i primi successi della Grande Ignis, che sul campo di pallacanestro dotato di due anguste tribunette e una balconata vinse il suo primo titolo tricolore (1960/61).

Giunti al termine della nostra passeggiata virtuale tra la Varese di ieri e la Varese di oggi, ci sorge spontanea una domanda: come invece sarebbe potuta essere la nostra città, se nel Novecento fosse stato prevalente e non minoritario l'orientamento culturale che guarda al futuro senza considerare il passato una zavorra da buttare. Per nostra fortuna, negli ultimi tempi è diventata opinione diffusa la necessità di valorizzare, anziché cancellare, l'eredità architettonica di pregio sopravvissuta all'impetuoso vento modernista che ha soffiato anche su Varese dalla fine degli Anni Venti agli Anni Settanta. Dei tempi nuovi sono testimonianza gli esempi di costruzioni e di restauri che abbiamo scelto tra i tanti che meriterebbero una citazione. Nella foto in alto a destra abbiamo deciso di proporre quello che per noi sarebbe potuto essere il paradigma di una crescita edilizia in armonia con le caratteristiche storiche dell'architettura del centro città. Il palazzo edificato qualche anno fa sulle macerie del vecchio garage Ambrosetti, all'angolo tra le vie Broggi e Veratti, rappresenta una riuscita rivisitazione in chiave moderna dell'architettura lombarda tradizionale. In basso l'ultima versione dell'hotel Ungheria, un gioiello di gusto vagamente mitteleuropeo che si staglia in un viale Borri lungo il quale, a parte alcune sopravvissute ville d'inizio Novecento, si susseguono edifici di ogni risma che danno vita a quella babele architettonica che caratterizza purtroppo tutte le strade d'accesso alla città. Segnaliamo inoltre i sapienti restauri operati nelle vie Cattaneo e Donizetti e l'interpretazione in chiave moderna dell'Officina del tram (nelle pagine seguenti). E per concludere ammiriamo la finestra gotica di Palazzo Perabò, recentemente restaurata dopo i danni provocati da una grandinata. È l'elemento architettonico più fotografato della città ma sarebbe potuto essere uno dei tanti, se l'insensibilità culturale ed estetica dei nostri nonni e dei nostri padri non gli avesse eliminato la concorrenza.

HOTEL UNGHERIA

FERROVIE E TRAMVIE

Ringraziamenti

Se questo mio lavoro susciterà l'interesse dei varesini sarà anche grazie all'amico Pietro Macchione che, oltre ad averlo editato, l'ha corredato con un'illuminante analisi dell'evoluzione urbanistica di Varese negli ultimi cento anni. Mi corre l'obbligo di ringraziare anche l'amico Andrea Badoglio, amministratore del gruppo Facebook "La Varese nascosta" (e con lui il presidente onorario Luigi Manco), che ha accolto con favore i miei post sul passato della nostra città e con lui tutti gli amici del gruppo che, a loro insaputa, hanno collaborato al compimento dell'opera. In particolare il mio grazie va, seguendo un rigoroso ordine alfabetico, a Giancarlo Angeleri, Tommi Bai, Fausto Brianza, Alberto Coduri, Fernando Cova, Maria Gervasini, Andrea Giacometti, Mario Giannone, Mariarosa Lancini Costantini, Paolo Musajo Somma, Ferruccio Pavesi, Pigi Riva, Antonio Petrocelli "Kawasaki", Luca Segato e Guido Vanoli. Ringrazio infine mio figlio Federico il quale, oltre ad avermi suggerito importanti argomenti da trattare, ha fornito a me, "absolute beginner" della fotografia, preziosi suggerimenti sulle caratteristiche delle immagini destinate a documentare i cambiamenti del paesaggio urbano varesino.

Finito di stampare nel mese di settembre 2016